中国历史文化名城·名镇·名村全书

中国名村·云南

# 东莲花

中国民间文艺家协会　组织编写

总主编　罗　杨　撰稿人　马克伟

知识产权出版社

全国百佳图书出版单位

# 《中国历史文化名城·名镇·名村全书》
# 总编委会

# 《中国名村·云南东莲花》编委会

顾问：张剑萍　常于忠

主任：何尹全

副主任：左廷水

编委（按姓氏笔画为序）：

王文刚　孔希勤　字　根　迟富华　杨锡伟

罗建新　范敬昕　赵永春　徐庆芳　谢体艳

本书撰稿：马克伟

本书摄影：马克伟　马加彪　马克京　马　愿　阿　新

英文翻译：何光云

# 村落记忆的瑰丽画卷（代总序）

"竹篱茅屋趁溪斜，春入山村处处花。"苏东坡描写出的是一幅多么富于诗情画意的美好景致。青山翠竹、粉墙黛瓦，牧笛山歌、蛙声蝉鸣。我们的祖先曾经就是如此诗意栖居，神话般生活。这种农耕文明的恬美情境，至今保留在山清水秀、文化灿烂的历史名村名镇，是祖先遗馈给我们的一笔丰厚精神遗产，也是中华民族优秀传统文化得以流传的血脉并给我们留下美好记忆的精神家园。在经济高速发展、城市化进程汹涌而来的今天，守护和保护好每一处名村名镇，就意味着守护好我们的精神家园，这是民族赋予民间文艺工作者的历史责任。

人类文明的进化不能没有积累和继承，历史的车轮可以碾过如梭的岁月，但不应拆毁我们心灵回归故里之路。作为我们精神故里的每个古村落是一个自然的社会单元，也是物质与文化的综合体，是民族民间文化的重要载体，是不可再生的文化资源，是民族文化复兴的重要源泉。古村落是中国传统"天人合一"的人生观和自然观产生的居住方式，具有深厚的历史积淀和文化底蕴，是祖先长期适应自然、利用自然的见证。它如同一部历史教科书，记录和镌刻着我们民族的文化基因和历史记忆；如同一条历史长河，至今滋养着中华儿女的心田。古村落不仅仅是一个地点和空间，而且保存着年轮的印痕和光阴的故事，它曾以五千年文脉涵养了一个泱泱中华。梁漱溟曾经说过：中国新文化的嫩芽绝不会凭空萌生，它离不开那些虽已衰老却还蕴含生机的老根——乡村。

完整的古村落不仅包括民宅建筑、桥梁、庙宇、祠堂、古树、亭台楼阁、古戏台、碑廊等丰富的物质文化遗产，同时还应包括与之密切关联的各种民俗、生产生活、婚丧嫁娶、民间信仰崇拜以及民间神话、民间故事、民间谚语和歌谣等口头的、无形的民间艺术、民间戏剧、民间音乐、民间舞蹈、民间工艺制作等非物质文化遗产。理解古村落就可以理解中国文化的民族密码和历史细节，读懂古村落就可以读懂民间文化的百科全书。中国文化遗产的丰富性留存在古村落里，中国非物质文化遗产的精华闪烁在古村落里，中国文化的多样性散落在古村落里，中国民间文化的独特魅力汇聚在古村落里，中华文化的根脉深深扎在古村落里。冯骥才先生曾说：中国最大的物质遗产是万里长城，最大的非物质文化遗产是春节，最大的物质和非物质文化遗产就是古村落。

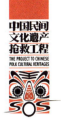

在历史面前我们应该是虔诚的，在文化面前我们应该是卑恭的，在故土面前我们应该是敬重的。人类在社会发展的进程中曾经付出过惨痛的代价，历史的经验告诉我们，很多美好的东西只有当失去时才发现它的宝贵。在城市化的过程中，我们曾经失去了很多充满温馨、充满诗意的村庄，是鳞次栉比的水泥森林再次唤醒了人们对古村落的重新认识。田园牧歌式的居住不仅是古人的生活理想，更是当代人的精神诉求，我们在渴望享受现代城市文明的同时，也渴望留住那些曾经养育了我们祖辈，温暖了我们心灵的原生态、多样性的古村落。

保护与开发永远是一对矛盾，是把古村落作为文化基因完整地加以保护，还是作为生财之道尽快地开发赚钱，这是摆在我们面前亟待解决的重要课题。古村落是一个完整的生命体，有自己的外形和内核，有自己的精神和灵魂。保护古村落，绝不能被动地对抗岁月的磨蚀，而应更加注重对古村落人文生命的挖掘与扬弃。因此，对古村落的保护、建设和开发一定要按规律办事，切忌在开发和建设中造成不可补救的破坏，使历经浩劫而幸存的古村落在不当开发中消亡。各级政府在古村落保护过程中，应本着高度的文化自觉，以历史的情怀、超前的眼光、长远的规划和持之以恒的决心，注重其文化内涵的活态传承，正确地面对历史与现实，正确地处理经济与文化，正确地看待遗产与利益，正确地评判政绩与公益，寻找出一个适合中国国情的古村落保护与发展的两全之策，逐步建立起科学有效的古村落传承保护机制，从而不断增强古村落的魅力和生命力，找回那种"倚杖柴门外，临风听暮蝉"的美好诗意。

有鉴于此，中国民间文艺家协会携手知识产权出版社在烟波浩渺的古村落中撷取出极具代表性的名村名镇，结集推出《中国民间文化遗产抢救工程——中国历史文化名城·名镇·名村全书》，力图用文字和图片把这些岌岌可危的古村落的精华如实完整地记录下来，让我们的读者和后人带着享受的心情，踏上回归精神故里寻古探幽的旅程，感受乡土的温暖与润泽，欣赏"茅舍槿篱溪曲"、"门外春波荡绿"的美好画卷，体味精神家园的馨香。

关于大理『三名』(名城·名镇·名村)保护问题(代序)

自然遗产、文化遗产都是先人留下的不可再生的宝贵资源，后代子孙与我们享有同等的权利，这就是代际公平。将这份遗产尽可能完整地留给后代，是我们这一代人义不容辞的责任。中国是世界上文明诞生最早的国家之一，有几千年的文明史。中国各族人民以高度的智慧和创造力，创造了光辉灿烂的中国文化。城镇是一个国家、一个民族从不文明走向文明的标志之一。在四大文明古国中，中国是唯一文化没有断流的国家。我国众多的名城、名镇、名村就充分说明了这一点。分布在神州大地上星罗棋布的名城、名镇、名村既是物质文化，也是非物质文化。但是，毋庸讳言，在当前现代化、城镇化的过程中，很多历史文化名城、名镇、名村遭到了严重的破坏，有不少古村落的原貌已荡然无存，即使遗留下来一少部分，也都面临文物建筑被损毁、文化遗迹被侵蚀、传统文脉被割断、文物原生态环境被瓦解或乱开发的命运，许多珍贵的历史文化遗存一去不复返。这是一个十分严峻和亟待解决的问题。

为了让广大读者更多更好地了解我国"三名"——名城、名镇、名村的遗物遗址、文物古迹、风景名胜、掌故传说和时代风貌，同时更好地保护它们，中国民间文艺家协会和知识产权出版社联袂推出中国民间文化遗产抢救工程——《中国历史文化名城·名镇·名村全书》。这是一项功在当代，利在千秋的善举，值得关注。

解读大理的历史，洱海东部宾川发现的白羊村新石器遗址，是云南迄今发现最早的新石器文化遗址，距今已有四千多年。出土文物说明，白羊村遗址是一个典型的以稻作农业为主的长期定居的村落遗址。剑川海门口文化遗址出土的夏代晚期青铜器开启了云南青铜文化的先河。在此基础上，汉置郡县，魏晋南北朝时期的"白子国"，唐初合六诏（有说八诏）为一，最终形成了包括云南全省以及川黔部分地区在内的，几乎与唐宋相伴始终，绵延五百多年的南诏、大理国。

南诏、大理国政权的建立，结束了云南历史上部族纷争的混乱局面，将云南历史大大向前推进了一步，对中华民族的形成和伟大祖国的统一作出了重大贡献。

历史因时间而悠远，文化靠积淀才厚重。悠久的历史成就了大理众多的文物古迹。大理历史文化名城、名镇、名村很多，本次只收录其中的一部分。它们比较集中地展示了大理历史文化的精华。

大理悠久的历史，厚重的文化，与大理得天独厚的区位优势息息相关。根据学者们研究，先于西北丝绸之路两百多年，在祖国西南也有一条重要的"丝绸之

路"，即"蜀身毒道"。还有经大理达西藏的"茶马古道"，从大理到安宁南下出海的"步头路"，奠定了大理滇西交通枢纽的历史地位。今天，大理同样是同时拥有民航、铁路、高速公路因而四通八达的民族自治州。便捷的交通使大理能够广泛吸纳中外文化精华，故而人文蔚起，薪火相接，代有名流；里巷传仁德之懿，父老有述古之风，享有"文献名邦"的美誉。秀美的山川、灿烂的文化与悠久的历史相得益彰，无疑是建设幸福、美丽大理的根脉，也是大理吸引中外游客纷至沓来的魅力所在。

靠文化扬名，提高品位；靠文化发展，一兴百兴。在这一点上，大理的经验值得借鉴。当前，保护"三名"已进入攻坚阶段，各级政府都纷纷出台保护办法，但还不够，必须加大宣传，增强人民群众对"三名"保护意识的自觉性。历史文化是人民创造的，也要人民来保护。正因为如此，我们便自告奋勇地承担了《中国历史文化名城·名镇·名村全书》大理白族自治州12卷的编撰任务。近两年来，大理白族自治州白族文化研究所联合州级文化部门，在大理州委、州人民政府的大力支持下，团结和依靠热心文化事业的有识之士，群策群力，完成了编撰任务。

参加本次编撰工作的既有年过七旬的学者，也有正当盛年、承担着繁重日常工作的中青年新秀，但他们都怀着对历史负责、为子孙谋福的崇高理念，攻坚克难，争分夺秒，或多次深入所承担的地区开展田野调查，走访熟悉地方历史文化的有关人士；或沉迷于史籍档案，考稽钩沉，运用文字和照片，将各城、镇、村的山川名胜、人文历史、文物古迹、文学艺术、民风民俗、风物特产真实地记录下来，最大限度地将各地文化精华展示给广大读者。同时，各卷密切联系实际，对名城、名镇、名村的保护提出了意见和建议。

雄关漫道真如铁，而今迈步从头越。历史的辉煌值得自豪，更是留给每一个当代人的一份沉甸甸的责任，守望好这片热土，再创新的辉煌，在各自不同的岗位上，作出能够告慰先人、无愧后人的业绩，应该是每一个大理人不懈的追求。相信这套丛书能在大理各族人民建设幸福、美丽大理中进一步增强民族文化自觉，留住集体的文化记忆。

赵寅松

2013 年 3 月

# 目录

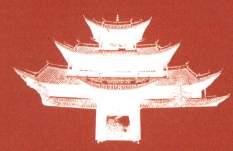

中国名村·云南 东莲花

# Contents

东莲花
中国名村·云南

中国名村·云南
东莲花

巍山彝族回族自治县是国际性河流——红河的发源地。巍山回族主要集中在红河源头的永建镇，20个回村如繁星撒落在红河的两岸，是滇西回族的主要聚居地，素有"滇西回乡"之称。

回族是巍山的世居民族之一，始于元代。巍山回族先民先后随忽必烈"元跨革囊"和赛典赤·赡思丁的"探马赤军"而来，大多源自遥远的阿拉伯异域。千百年间，他们把伊斯兰文化与当地各民族文化相融合，汲取营养，丰富和发展自己的文化，形成了独特的巍山回族文化和回族风情。回村是巍山一道靓丽的风景。回族有围寺而居的习惯，有清真寺的地方就是回村，清真寺是村子的标志性建筑。清真寺建筑恢弘，气势巍峨，寺或塔形，或圆顶，壮观之至，充满阿拉伯风情。作为杜文秀反清起义的揭竿之地，在红河东岸的大小围埂、晏旗厂一带，百年前的古城墙、古战场、古炮台和万人冢还在静静地诉说着那一段历史。走进回村，村庄整洁，村道干净。男子头戴白帽，妇女佩戴面纱，回族风情浓郁。保存完好的古宅老院、古桥古井、古角楼以及众多的马帮文化遗迹令人叹为观止。开斋节、古尔邦节、圣纪节、丧葬习俗和婚嫁习俗魅力十足，别有风味。老六碗、白斩鸡，这里的清真小吃特产卓尔不群，声名远播。

东莲花是巍山回村的一颗璀璨明珠。东莲花村2007年1月被云南省人民政府公布为省级历史文化名村，2008年10月被国家住房和城乡建设部、国家文物局命名为中国历史文化名村，是目前我国惟一一个获得此殊荣的回族自然村。古村至今仍保留着独具风格的清真古寺建筑群，保留着完整

东莲花

的清末和民国时期的村落布局和建筑风格，保留着一院又一院出阁架斗、雕梁画栋的古民宅和古角楼，保留着罕见的大马厩、驯马圈等马帮时代的遗迹，是巍山回族古村落建筑风貌的缩影和典范。

东莲花村处处闪耀着马帮文化的踪迹和多民族建筑文化融会贯通的美丽，闪耀着回族文化的魅力，是一个不可多得的马帮文化的活宝库，滇西回族文化的大观园。

何源来

東莲花，红河源头一个美丽的、充满灵气、古朴典雅的回族村子。走进东莲花村，似时光倒流，使人犹如回到了千年以前，如时空飞跃，仿佛置身阿拉伯世界。

# 莲花绽放红河源

巍山彝族回族自治县位于大理白族自治州南部，地处哀牢山和无量山上段。北连大理市，县城距大理白族自治州州府下关50公里，东接弥渡县，南接南涧县，并以漾濞江为界与凤庆县相邻，西与漾濞县、昌宁县隔漾濞江相望。巍山县属北亚热带高原山地季风气候，多年年平均气温15.8℃，平均降雨量800毫米。境内河谷、盆地、山地相间分布，最高海拔3037米，最低海拔1146米。全县辖南诏、庙街、大仓、永建4镇和巍宝山、紫金、马鞍山、五印、牛街、青华六乡，83个村民委员会（社区）。

巍山是云南省设置郡县最早的地区之一。春秋战国时

东莲花

—中国名村·云南东莲花

期属滇国地。西汉元封二年（109）设邪龙县。唐代，巍山是南诏的发祥地和故都，南诏前四代王在巍山建都。宋代设开南县，元、明、清时期，先后设置蒙舍千户所、蒙化府、蒙化路、蒙化州，后复升为府。清乾隆三十五年（1770），改设蒙化直隶厅，民国元年设蒙化府，民国三年改设蒙化县。新中国成立初期，仍设蒙化县，1954 年改名为巍山县。1956 年，实行民族区域自治，巍山县分设为巍山彝族自治县和永建回族自治县，1958 年合并建立巍山彝族回族自治县。

巍山历史悠久，文化底蕴深厚，文物古迹众多。全县有不可移动文物二百余处，馆藏文物近三千件，有国家、省、州、县各级重点文物保护单位 58 处，其中国家级两处。明

2

1

1.红河源阳瓜江像瓜藤一样，两岸村落就是瓜藤上的小瓜

2.道教名山巍宝山山门

中国名村·云南东莲花

玄莲花

17 回村源来

东
莲
花

东莲花村口

清人文蔚起，从明成化至清光绪年间，共有进士23人、举人220人，清乾隆年间被御封为"文献名邦"，1994年被国务院公布为中国历史文化名城。

巍山是红河的源头。云南省惟一的一条国际性河流——红河就发源于巍山县永建镇，它由北向南横穿巍山坝子，像一条长长的瓜藤弯弯曲曲蜿蜒南流，村落似长藤上的小瓜一样星罗棋布地分布在两岸。

东莲花是红河源阳瓜江这条长瓜藤上长出的众多小瓜中最靓丽的一个。她因地处阳瓜江东岸，水源丰富，历史上村民多喜欢栽莲种藕而得名。

东莲花为纯回族自然村，也是巍山县伊斯兰文化和回族传统文化最为丰富，民风最为古朴，民俗最为多姿多彩，传统底蕴最为淳厚的回族村子之一，2008年被国家住房和城乡建设部、国家文物局命名为中国历史文化名村，是南诏古都、中国历史文化名城巍山的一个重要景点。东莲花南距巍山古城 22 公里，北距大理州府下关 28 公里，均有高等级公路通达，车程都在 20 分钟左右。东莲花属于北亚热带高原山地季风气候，冬无积雪，夏无酷暑，气候温凉，年平均气温 15.6℃，四季如春。在清代，东莲花属巡检约。民国时期，属永济乡。1950 年，蒙化解放，东莲花属蒙化县第三区，区公所就设在东莲花马家大院。1956 年 11 月成立永建回族自治县，东莲花属大仓区。1958 年巍山、永建合并为巍山彝族回族自治县，东莲花属永建公社，为公社驻地。稍后，"文化大革命"爆发，解放军驻扎东莲花马家大院，实行"军管"。1972 年设立永建公社，东莲花属永建公社，公社驻东莲花马家大院。1984 年永建公社改为永

巍山古城

东莲花

中—国—名—村·云—南—东—莲—花

建区，东莲花属永建区，为区政府驻地。1985年永建区改
为永建乡，东莲花属永建乡，乡政府仍驻东莲花马家大院。
1994年永建乡人民政府新址办公楼竣工，乡级机关迁出东
莲花，东莲花成为巍山县伊斯兰协会的驻地。稍后，巍山
县伊斯兰协会为开展工作方便，也随政府迁往新址，东莲
花由乡级人民政府驻地变为自然村，属永和村公所。2000
年永建撤乡设镇，村公所实行村民自治，改为村民委员会，
东莲花属永建镇永和村民委员会。

　　东莲花西距永建镇政府所在地河底街不足两公里，村子
立于万顷田畴之间，碧野环绕，稻麦飘香。村西永济河倚

南诏古街

村而过，村子东面、北面均有荷塘，长年绿水清波。引自
永济河的一条小渠自北向西南穿村蜿蜒而过，终年清流淙
淙。村子东面紧挨永建镇机关，并与河底街、马米厂、三家村、
大围埂、晏旗厂、小围埂等回族村落毗邻，全村地势平坦，
交通便利，区位优势明显，自然风光秀美。村子附近还有
始建于明朝万历年间的巍山茶马古道第一桥——永济桥，
有清代杜文秀大理政权的后军衙门、杜文秀起义遗址——
演武场、大栅门、古城墙、古炮台、万人冢等文物保护单位，
是一方人文荟萃的沃土。

# 巍山回族族源

东莲花村现有二百八十多户，近一千一百人，是一个和云南众多回族村落一样历经风雨沧桑、劫后复生的小村。

巍山回族先民，可以追溯到唐代南诏时期。巍山是南诏的发祥地，唐贞观二十三年（649），彝族先民南诏始祖细奴逻建立大蒙国，称奇嘉王，建都巍山红河源九曲十八弯西岸俊秀的峣圩图山，其曾孙皮逻阁统一六诏，建立南诏政权。南诏传位十三代，共历时253年。南诏在巍山发祥并经营四代，历时92年，后迁都大理太和城。在南诏时期，发生了著名的"天宝战争"。传说，在天宝战争时，唐王向回纥借兵三千，随李宓将军征伐南诏，唐军大败。被南诏驱散流落大理各地的八百回纥兵和当地妇女婚配，成为大理地区的回族先民。这就是在大理广为流传的"三千换八百"的故事。实际上，有史可证的巍山回族的最早来源还要从"元跨革囊"说起。蒙古人自12世纪中叶兴起，他们在亚洲内陆掀起了一股狂飙，沿"丝绸之路"，翻山越岭，所向披靡，一路攻入欧洲。从1219到1258年，蒙古

回辉登村貌

人三次西征，征服了大半个欧洲，四十多个国家，一时震惊整个世界。在平定欧洲、中亚、西亚这些国家以后，蒙古军挥师南下，逐鹿中原。这支南下的大军主要由来自西亚、中亚国家信仰伊斯兰教的色目人组成。

这支彪悍的军队被叫做"探马赤军"。元宪宗三年（1253），元世祖忽必烈率十万铁骑进军大理。《元史·世祖本纪》说，"十月丙午，过大渡河，又经行山谷二千余里，至金沙江，乘革囊及筏以渡"，这就是史学家们称作的"元跨革囊"，也就是坐着羊皮筏子渡过金沙江，攻入大理。蒙古军 12 月攻破大理城。次年，忽必烈班师北归，留下大将兀良合台继续征伐各"蛮部"。"以蒙古、探马赤军以屯之"（《元史·兵志》）。元军平定一个地方后，凡军事要地，都要由蒙回军队驻守，屯军垦田，"上马则备战斗，下马则屯聚牧养"（《元史·兵志》）。巍山作为南诏的发祥地，茶马古道的重镇，属"蛮夷腹心之地"，蒙古军自然要控制这一军事重地。巍山坝子北端的小围埂、大围埂、回辉登一带是当时大理通往各地的交通要冲，又是水丰草茂之地，元军便派彪悍的回回军把守，围土筑寨，屯垦防守。

至元十年（1273），元王朝针对当时云南动荡的局势，忽必烈派赛典赤·赡思丁率回回军到云南设省，出任云南省平章政事。赛典赤主滇后，按照忽必烈的指令，"探马赤军，随处入社，与编民等"（《元·食货志》）。大批军士屯聚牧养，军屯中，回族士兵占有相当大的比重。至元十三年（1276）赛典赤长子纳速拉丁带领回族兵士和工匠出任大理路安抚使司都元帅，对大理进行治理。至元十六年（1279）赛典赤去世。次年忽必烈命纳速拉丁为云南行中书省左丞。赛典赤父子主滇期间，所带来的大批回族士兵，从参战到戍

守再到入社屯垦，回族士兵和赛氏子孙在大理、在巍山落籍了不少。小围埂、大围埂、回辉登三个回族村子就是在这个时候正式形成的。

为平把持西南川滇一带的明玉珍、元梁王把匝尔密，明洪武十四年（1381）朱元璋令傅友德为将军、蓝玉为右副将、沐英为左副将，统兵三十万征讨云南。蓝玉、沐英均为回民。讨伐大军南征班师后，仍留沐英镇守云南。沐英的部众多为江南回族士兵，分散屯田于云南各地，其中不少进入了巍山，与元初进入的赛典赤·赡思丁后裔及元、明、清从外地来做官、经商的回民及当地各民族融合，形成巍山回族。

1 | 3
2

1. 小围埂清真寺
2. 回辉登清真寺
3. 穆斯林到大殿做礼拜

# 赛典赤第九代孙
# 小围埂分支

赛典赤家族长期在云南执政，与整个元朝相始终，他的很多子孙落籍巍山，成为巍山回族的主要先民之一。赛典赤有五子二十三孙，是云南赛、纳、哈、马、沙、丁、速、忽、闪、撒、金等姓的先民。赛典赤第五子马速忽的后代分支为马、速、忽三姓，落籍巍山的较多，其中，尤以马姓为最多，俗称"赛家马"。至今在巍山各回族村子还流传着"马头马尾马耳朵，高山平坝小角落，无处不有赛家马，哪里田园见荒着"的谚语。马姓中，赛氏第八代孙马文明有九个儿子，第九子马德宗落籍小围埂，成为小围埂村的始祖。现在小围埂村东北的古墓园就是当时的赛家老坟地。明朝中叶，小围埂赛、马两姓分支一部分，到东莲花、西莲花、箐门口、树龙村、新村等回族村子，逐步发展成东莲花村。到明朝末期，东莲花已经成为一个回族村落。清道光年间（1821～1850），巍山回族村子已发展到 28 个，人口约五万。据《巍山回族简史》记载，在杜文秀起义失败前的 1872 年，东莲花村约有人口六百五十人，也是一个不小的村子。

1
2

1. 东莲花村东一池莲花，村子因历史上多种莲藕而得名
2. 如画民居

中国名村·云南东莲花

# 风雨沧桑荷亦艳

清咸丰六年（1856），杜文秀遥奉太平天国号召，在小围埂村一带揭竿起义，率回、彝等各族义军反抗清朝政府的腐朽统治和残酷的民族压迫。起义军势如破竹，很快占领滇西大部分地区。杜文秀称帅，建政大理18年。清同治十二年（1873），杜文秀起义失败，巍山各回族村子都受到清军的血腥屠杀，五万多回族民众劫后余生不足千人，流离失所。东莲花村幸存者也不过几人。到光绪五年（1880），清政府迫于舆论压力，招抚流亡各地的回民"归籍"。据《巍山回族简史》载，在1873至1880年之间，东莲花村共有三位归籍孑遗，"原马姓老祖落籍上村，因为是安子营营官的住户，又只有一家回族，无法居住，于是就到下村与张家老祖'搭伙合屋'"，逐步恢复家园。直到民国时，东莲花村已由马姓发展为马、张等多姓合居的回族村落。经过

一代代的繁衍生息，东莲花村发展为今天人口上千的村子。

在人口得到恢复发展的同时，通过几代人的艰苦创业，村子也在繁荣发展。到清末和民国期间，东莲花村出现了许多经营马帮的富户。马锅头们建盖了各式庭院，特别是竞相建成了许多别具匠心的角楼，这些民居建筑巧妙地融合伊斯兰文化与各民族文化，形成了独特的村落风貌。

从民国到 20 世纪 90 年代，东莲花村很长时间都是乡级政府所在地，马家大院等古院落一直作为机关办公地点，到 1997 年乡政府及其机关搬出后，还一直作为村集体创办的幼儿园使用。同时，长期以来，东莲花村民爱村护村意识较强，精心呵护着每一座古建筑。所以，东莲花的村落风貌和众多古民居、碉楼、角楼、清真寺等古建筑甚至在"文革"期间也未受到大的破坏，得以完好保留至今，成为巍山回族人民自强不息、不断走向兴旺的历史见证，也成为巍山伊斯兰文化与各民族文化包容并举、交融发展的缩影。

2
1
1. 东莲花古村风貌一角
2. 东莲花水景

背上的名村

中国民间
文化遗产
抢救工程
THE PROJECT TO CHINESE
FOLK CULTURAL HERITAGES

在马帮作为主要运输工具活跃在茶马古道的时候，巍山回族马帮在茶马古道上赫赫有名，享誉云南、名扬大西南乃至东南亚许多国家和地区。东莲花，一个用马背驮出的名村，至今仍保存着许多鲜为人知的马帮时代的遗迹，保存着令人叹为观止的古村风貌和古建筑群。

# 古村风貌

东莲花古建筑群包括清真古寺建筑群和具有鲜活回族建筑特点的"四合五天井"、"三房一照壁"、"走马转阁楼"、"六合同春"、"青瓦白墙"等式样的古民居，融傣族建筑风格、法式建筑风格、西北建筑风格和巍山回族建筑风格为一体的古角楼，是巍山回族古建筑艺术的珍宝馆。

东莲花村占地 17 公顷，以清真寺为中心，构成方形的内环，连通公路及村间道路，形成整齐方正的村庄内核和东、西、南、北四块放射状外缘。全村房屋总建筑面积九万多平方米，其中保存完好或修复性保护良好，细部构件、装饰具有较高历史、科学、艺术价值的建筑面积占 60%，保留传统形态风格特征的建筑面积占 35%。村内绝大多数建筑比较好地保持了历史建筑的原真性和历史建筑风格，其中保存比较完整、艺术价值较高的古建筑有 22 个院落，它们融巍山回族建筑特点和其他建筑风格于一体，特色尤为鲜明。

東莲花村绝大多数民居建筑为土木结构，部分是砖木结构。布局主要有"四合五天井"（"四合"就是一个院子里四方都各建有一房房子，"五天井"就是，一个院落四房房子两两之间都有一个小天井，加上四房房子之间的大院子，形成五个天井）、"三房一照壁"（一个院落的三方建有三房房子，其余一方建有一个大照壁）、"六合同春"（两个院落相连构成两个大天井、四个小天井，被称作六合同春）、"一丁一挂"（两房主房垂直布局）等几种形式。

东莲花村的民居建筑基础为石材，土下部分块石浇筑，出土部分用五面打平的方整的石头对缝支砌。在基础上逐层筑土为墙，圆木作屋架承重。房屋建筑木料多采用云南松，装修用材多为华山松（因其结有可吃的松子果实，被当地人称为"吃松"）。整间房子大梁、门柱、门窗户壁无一不是精挑细选；屋面用本地土窑烧制的小青瓦，用土坯、

2

1

1. 东莲花村获得"中国历史文化名村"称号
2. 东莲花古村巷道

"三房一照壁"建筑风貌

青砖砌墙。明间抬梁结构，此间穿斗结构，角楼顶层攒尖，有斗拱。房屋厅房双面披厦，其他房屋多为硬山披厦。雕梁画栋，出阁架斗，在门额头和过梁上雕饰有阿拉伯文经文和龙头、凤凰、花草等图案，工艺十分精湛。

东莲花村房屋大门的门头式样主要有门屋式、门罩式和门框式等几种。材质多采用本地烧制的青砖配夯实土墙，

青砖还配有大量精美雕刻图案，造型、样式丰富。门屋式大门高大、豪华，建造复杂，雕饰精美，一般要大户人家才修造，建在院落的主要出入口；门罩式大门一般是几个院落共有的大门，从这个大门进去，分别通达几个院落，各个院落又有自己的大门；门框式大门，门头一般建有青瓦屋面，造型比较简单，有半拱形、平顶形等，主要是院

落的后门。

　　在东莲花古建筑中，门扇的做法从材料、色彩到雕刻都非常考究。一般由三组对开组成，色彩多为自然木质颜色，用土漆或者虫胶或者清漆涂刷；也有比较鲜艳的，用油漆对雕刻的鱼、虫、花、鸟进行彩绘。每扇门的上半部采用镂空的方式雕刻，内容多为花鸟，既美观又通风；中部有一方形多层镂空雕刻；下半部分多为一凸起圆形，其上雕刻小动物，寓意吉祥；最上方和最下脚还各有一小方形，雕刻有阿拉伯文的经文、花草图案。上中下五部分镂空和雕刻相互交融，每扇门均比例协调、秀美。

| 1 | 2 |
| 3 | 4 |
| 5 | 6 |

1~2.柱头、过梁式样
3.民居照壁飞檐
4.东莲花民居建筑窗户式样
5.民居厦檐雕刻
6.民居板壁雕刻

东莲花古民居窗扇式样多为方形镂空架花。窗扇以斜方格为主，镂空架花式样多变，端庄典雅。有单窗，外挑可开式和固定式，也有双合闭合式和3组对开式几种，通光透气，美观大方。

巍山回族省吃俭用却非常重视住房，舍得在住房上投资花工夫。所以，在巍山，远远看上去，许多回族村比其他村子齐整漂亮。他们建房不看风水，但讲究坐向，一般都是坐北向南，北房为主房，因而房间采光充裕、通风透气，冬暖夏凉。房子一般为两层，楼上主要是堆放粮草、杂物，楼下则是作卧室、客厅、厨房等。

东莲花村每栋房子一般为三间，主房的中间一格是"堂屋"，堂屋外依次是台坎、院心，两边是漏阁（当地人也称耳房）及其他建筑。

"堂屋"是房子的中心，作为客厅。回族忌偶像崇拜，

1.回族"堂屋"
2.堂屋格子门

所以巍山回族家里不悬挂、不雕刻人物图像，堂屋墙上常挂阿拉伯艺术文字的"对子"，里面常摆一张高大的"八仙桌"，桌子的正面和两边各放一条高的长凳，共坐八人，故称"八仙桌"。正面一条长凳坐两人，主要是阿訇、长者和贵宾座位，其他两条长凳各坐三人。堂屋一般在有贵宾到来或者请阿訇念经、请客时才使用。

　　堂屋门在整栋房子的建筑中最为讲究。堂屋门一般都由六扇精雕细作、镂空雕花的木门组成，技艺十分精湛。过梁头上和房屋面板、窗户上要雕上龙凤、花草、虫鸟等写意图案，富有民族风情。在堂屋门外，中柱和檐柱之间的部分叫做"台坎"。在台坎上一般都放有小方桌或篾桌、木凳、草墩，是家人平时休息活动的场所。台坎下面就是院落，当地人称为"院心"，一般比台坎低一到三尺不等。院心多用方形、条形青砖铺设，既美观又防滑，还可以打晒粮食。回族人家喜爱花木，几乎家家都要在院心中砌花台，在院心四周栽花种树。整个院落显得十分清秀。

保存完好的民国时期的东莲花建筑风貌

　　院落的大门是主人家的门面，讲究高大、气派和雕刻、支砌技法。可以说大门是回族建筑雕刻艺术和砖砌艺术的集中表现。一般还要在大门额头上镶上阿拉伯经文或者"主赐宏恩"、"世守清真"之类的中文书法匾额，表达回族人民祈求世代安康、幸福的美好愿望。在东莲花我们可以看到这种高大气派、雕刻精美、风格浓郁的各式各样的大门建筑。

　　巍山的回族民居多数把人居和畜舍分离，厕所则在较为隐蔽的地方，很少设在路边或庭院内扎眼的地方，所以村子显得比较干净整洁，随便进到哪一家都给人整洁明亮、井井有条的感觉，每一个院落就像是一个小花园。

　　在东莲花古村落中清真古寺别具特色，古民居建筑群中，马如骥大院、马如清大院、马如骐大院、马如林宅、马如骅宅、马如真宅、马志堂宅、张子义宅、张国堂宅、张子光宅、张福成宅、马如云宅、马品光宅、马如龙宅、马政才宅、张启堂宅、张学贤宅、张银祥宅、张明礼

保存完好的民国时期的东莲花建筑风貌

中一国一名一村一·一云一南一东一莲一花一

宅、张朝清宅、张学先宅、张应堂宅、张建中宅、张建英宅、张文科宅、张跃商宅等院落都是保存较为完好的古宅院，布局规整，雕刻讲究，各具特色。其中尤以马家大院（马如骥旧居）、马如清大院、马如骐大院三个豪宅古院最有魅力。

1. 东莲花大门式样丰富多彩
2. 几院相连是东莲花古民居的一大特色。图为马如林宅院内通往北院的大门

# 清真古寺

清真寺是穆斯林开展宗教活动和传播伊斯兰文化的地方，也是一个回族村子开展回族文化活动的中心。巍山回族有村必有清真寺。在巍山穆斯林大众心目中，清真寺是一生都离不开的地方。当孩子出生一个月以后，父母就要把孩子抱到清真寺去，让孩子第一时间感悟清真寺；三四岁开始，早晚就要到清真寺去学习伊斯兰文化和宗教知识；十二三岁开始，就要到清真寺去做礼拜，村里举行节庆活动大多在清真寺里；归真（逝世）后也要把买依台（尸体）先抬到清真寺举行宗教仪式，然后才抬到墓地安葬。清真寺与回族、与穆斯林结下了深深的情结。清真寺是穆斯林心目中圣洁的地方，是一个回族村子的象征和标志性建筑。

东莲花清真寺古建筑群全部都是土木结构，既具有中国传统建筑风貌，又具有阿拉伯建筑艺术风格。院内绿树成荫，花香飘溢。古建筑青瓦白墙、雕梁画栋，古朴典雅，与东莲花规模宏大的古角楼、古民居建筑群和谐相融，浑然一体，构建出一道具有回族独特风貌的伊斯兰古村靓丽的风景线。

东莲花清真寺始建于清朝初年，1921年扩建，后虽经几次小的维修，仍保持原来的风貌没有改变。清真寺占地近九亩，由叫拜楼、礼拜大殿、讲经堂、沐浴室几个部分组成。整个清真寺由东向西有一条明显的中轴线，依次是大门、叫拜楼、礼拜大殿。叫拜楼把整个建筑群分成东西两个院落；南北两侧是讲经堂，西南角有一个供穆斯林做大、小净之用的沐浴室，东北角单独一院是女孩子学习阿文的场所。

打开东莲花清真寺厚重的大门，雄伟古朴的叫拜楼映入眼帘。云南茶马古道研究会会长张宝三先生题写的"古道名村"巨大匾额悬挂在叫拜楼门楼上，彰显出东莲花在茶马古道上的名村地位。

2
1

1. 云南茶马古道研究会会长张宝三题写的"古道名邨"匾
2. 东莲花清真寺大门

玫瑰花

中国名村·云南东莲花·

东莲花清真寺叫拜楼（宣礼楼）

　　叫拜楼也叫宣礼楼，顾名思义就是召唤村里的穆斯林大众来做礼拜的建筑物。叫拜楼的建筑一般都比较高，"登高而呼，而闻者远"。穆斯林每天要做五次礼拜，在过去，没有高音喇叭，也没有有线广播或者无线调频广播，很多村民没有钟表等计时工具，大家又要干农活，到礼拜时提醒大家很有必要。这样，在每一次礼拜前半小时左右，清真寺里专门负责宣礼的阿訇就要到叫拜楼的最高层放开嗓音念宣礼词，背诵《古兰经》经文，念赞圣（穆罕默德）辞。声音抑扬顿挫，声调优美，充满阿拉伯异国情调。

　　在叫拜楼最高层还挂有"云板"，是一个铜合金制成的葫芦形平板，用牛皮绳子吊在房间中央。使用时用特制的木槌击打，声音浑厚，回音悠长，响彻云霄。"云板"一般在重要时间、重大事情发生时使用。比如洪水决堤、比较大的房屋失火等需要紧急抢救、紧急集合时，就会敲响"云板"。听到"云板"声，无论是本村还是外村的回民就会发扬穆斯林勇于助人、乐于助人的传统风尚，立即奔出家门，前往施救。现在"云板"犹在，但其功能已被安装到各家各户的小喇叭所取代，但"云板"仍是清真寺的一景。

叫拜楼在清真寺轴线的中央，也是东莲花全村的中心。为楼阁式建筑，总高四层，每层高丈许。底层、第二层面阔五间，第三层面阔三间，第四层面阔和进深均为一间。底层至第三层为三重檐歇山顶，第四层为四坡攒尖顶。底层明间另有单檐歇山顶门楼作过厅，门楼屋面上挑，居底层和第二层的披檐间。第四层和门楼檐下都有制作精美的斗拱。

东莲花清真寺叫拜楼值得一提的是，叫拜楼各层的屋檐、屋脊上雕塑有多层葫芦、鸽子、鳄鱼等多种动植物饰物，

敲"云板"（"云板"是清真寺叫拜楼的必备之物，在紧急集合时使用）

东莲花

中一国一名一村·云一南一东一莲一花一

是巍山许多清真寺所没有的，表现了东莲花村世代穆斯林的爱好和追求和平、和谐、包容、向上的性格特征和美好愿望。

穿过叫拜楼的中间过厅就到了清真寺的里院。东莲花清真寺的里院是一个开阔的大院落，中间是宽敞的院子，正面是礼拜大殿，两侧是教室、洗浴室等建筑。

礼拜大殿是清真寺建筑群的核心。沙特阿拉伯的麦加是伊斯兰教的圣地，是穆斯林做礼拜必须朝向的方向。由于它在中国的西方，所以，东莲花清真寺的礼拜大殿坐西向东。礼拜大殿由三个部分组成，由外向里分别是开放式过厅走

东莲花清真寺礼拜大殿

廊、正厅、"窑窝"，呈"凸"字形布局。东莲花清真寺的礼拜大殿为单檐歇山青瓦顶的古建筑。檐下遍施斗拱，檐柱和额枋上悬挂着精美的楹联、匾额。其中民国十五年（1926）国民党陆军少将杨盛奇题赠的"诚一不二"匾，书法刚健有力。中柱和檐柱间是宽敞的过厅走廊。正立面装修退至中柱，采用实木雕花格子门、镶板横披。格子门的花板修长，雕有花草树木图案，走廊南北两侧的山墙上绘有麦加清真寺和穆斯林朝觐盛况的彩色墙画。大殿正厅分上下两层，下层为地下室。上层正厅是礼拜堂，可供近千人同时做礼拜。

礼拜大殿中间向后凸出的部分叫"窑窝"，深丈许，是

民国十五年（1926）国民党陆军少将杨盛奇题赠的"诚一不二"匾

礼拜大殿的核心位置，是做礼拜时"伊玛目"（教长）领拜和阿訇宣讲教义的地方。"窑窝"的内墙上写有赞美真主的阿拉伯文书法。"窑窝"北侧设有供每周五聚礼和开斋节、古尔邦节会礼时"虎土白"（宣讲、演讲）使用的楼梯式演讲台。

东莲花清真寺还办有经堂学校，每天早晚，小孩子和老年人都要到这里学习阿拉伯语和伊斯兰教的基础知识。走进东莲花清真古寺，不仅可以领略到清真古寺的古朴典雅，领略到风格独特的建筑景观，而且还可以感受到清真寺在穆斯林心目中的圣洁之情和伊斯兰文化的厚重氛围。

中
国
名
村
·
云
南
东
莲
花

| 1 | 3 |
|---|---|
| 2 | 4 |

1~2. 东莲花清真寺大殿上的匾

3. 东莲花清真寺一角

4. 在大殿里做礼拜

## 马家大院

马家大院是东莲花村保存最完整、最气派、最有特点的古建筑，是东莲花大马锅头马如骥的旧居。马如骥为人忠厚，勤劳能干，精于马帮运输和经商贸易，是巍山出了名的大马锅头。当时他有近一百匹骡马，雇有十多名赶马人。他的马帮商队走南闯北，运输和销售茶、糖、丝、麻等物品，足迹遍及东南亚各国。通过多年拼搏，他积累了许多财富，民国三十年（1941），他在村里建盖了豪宅大院，就是现在赫赫有名的"马家大院"。马家大院历时三年方全部竣工。当时工程一完工，就因其建筑风格、雕刻工艺和宏大的建筑气势轰动蒙化全县，四方八寨前来参观的村民络绎不绝。

"马家大院"由主院、西院、北院共三个院落组成。三个院落根据其使用功能的不同和主次，规模不同，布局不一样，雕刻规格档次也不一样，但都各具特色，都是当地回族建筑中的上乘之作。

主院采用"六合同春"布局，南北向分成两个院落。上（北）院由主房、东西厢房、厅房、东西漏阁、大门和角楼一起，构成走马转阁式四合五天井院落；下院在南面设

有照壁，形成"三房一照壁"布局。马家大院主院的独特之处还在于，在下院的东北漏阁布置了一个四层高的角楼，在上院西南漏阁布置总大门。进入总大门左右分设两道二门，分别开向上下两个院落，这样既使这个院落浑然一体，气派壮观，又可以有效使用空间，把客房、主仆住所巧妙分开，互不干扰，保证了各种人员活动的井然有序。整个院落除角楼外，均为两层。

大门坐东朝西，为砖石结构。门柱方正，线条挺拔，高出漏阁檐口，无瓦盖顶。顶部为两台长形平台，旁边有两个圆柱装饰，都雕有花、鸟、虫、鱼等纹图画样，门顶两侧留有射击孔。建筑式样特别，外观融会了法式建筑风格。大门正对面建有青砖照壁，作为大门屏障。照壁上有精美彩画，上部的彩画、书法现在仍依稀可辨。

大门所在的漏阁，是一座二层小楼，明间为过道，南

```
      3
1 | 2
```

1. 马家大院大门
2. 马家大院通往南北院的二门
3. 上院主房开阔、大气、明亮

东莲花

中—国—名—村・云—南—东—莲—花—

北各有一间小巧的木板房间。打开大门，迎面是在上院厅房的西山肩墙上巧妙设立的照壁。照壁上画有虫、鱼、花、鸟图案，中部从上到下凹式设置了四个两尺见方的砖边方框，砖框里面镶嵌着在汉白玉石上雕刻的"世守清真"四个蓝字，表达了院落主人对伊斯兰的虔诚信仰和执著追求。

小照壁两侧各设置了一道大门，北通上院，南通下院。

上院天井中心用六块两尺见方的大理石拼成一个花形图案，其余地面用两尺见方的青石板镶砌。上院各房的柱基、柱礅均为汉白玉，室内用青砖或木板满铺。坎沿、柱脚、柱礅、基座每一石件上面都雕刻了动植物等精美的线刻图案，房屋所有的门窗户壁都是精致木雕。房屋布局方正，上下两层都设有走廊，走廊宽可走马，房房相连，阁阁相通，故称"走马转阁"。

上院西房楼上后山墙正对大门外的入口通道处设有梯形构造的射击孔，防匪防盗，具有"一夫当关，万夫莫开"的防卫优势。厅房檐下明间，南、北两面各有一个覆形斗拱，北房和东、西两房的明间檐下也各有一个藻井。藻井上布满彩画、雕花，可辨认的彩画有：《阿文学校》、《鸡足山楞严塔》、《西湖风景》和《上海街景》等。特别是主房藻井里的《上海街景》，描绘了20世纪40年代的上海景观，画有西洋建筑、宽阔的马路、飞翔的飞机、奔驰的摩托车等场景，它惟妙惟肖地再现了当年十里洋场上海滩的风采，表达了大院主人的开放胸襟和开阔视野。藻井彩画极具民国时期的绘画艺术特征，被专家视为不可多得的珍贵资料。

院内东南西北四房房子屋檐下都挂有匾额，北房是主房，所挂匾额是白崇禧民国二十七年为他题的"明道致远"；悬挂在东厢房的匾额是云南省国民政府主席龙云民国二十八年为他题的"义广财隆"，悬挂在西厢房的匾额是蒙化县县长宋嘉靖民国二十八年为他题的"仁惠梓里"；悬挂在南厅房的匾额是民国三十年马家大院落成时马如骥的亲家李银斋题赠的"大展骥足"。四房房子的厦柱上都挂有文人墨客为他题写的楹联。匾额楹联既为大院平添了浓浓的文化气息，又彰显了主人的文化素养和他广结政要的人缘人气。

下院除大门与正院同样是以三角形为门顶的装饰外，建筑要简单些，但雕刻工艺同样极为精巧。下院南面的照壁高大、气派，檐角高挑。照壁双面都有精巧砖雕，绘有精美的壁画。照壁下设有花台，花台西侧有一口古井，井栏四周均有线刻折枝花卉。

主院东面是马家大院的花园，从上院东北漏阁小天井里的侧门就可进入花园。花园里树木葱翠，繁花似锦，鸟语花香，是主人栽花植树、修身养性的地方。在花园看马家大院角楼，角楼更显雄伟、端庄，特别有气势。花园四周原来有围墙，现已被拆除，成为开放式花园。

| 1 | 2 | 3 |
|   |   | 4 |
|   |   | 5 |
|   |   | 6 |

1. 走廊通门
2. 极具民国绘画艺术特点的藻井壁画：《上海街景》
3. 马家大院主院悬挂的匾牌"明道致远"
4. 马家大院主院悬挂的匾牌"义广财隆"
5. 马家大院主院悬挂的匾牌"大展骥足"
6. 古井

中国名村·云南东莲花

六 莲花

主院大门外，西、北两侧还各有一个院落。两个院落与正院相呼应，又相对独立。西院以主院下院西方房子的后山墙为照壁，建有坐西向东面房一幢，南、北两房厢房，也是一院精巧的"三房一照壁"院落，是当时的马帮物资库房，现在已被布置成东莲花村马帮文化展览室。昔日回族马帮的行进路线、马帮用品、马帮历史都可以在这里找到踪影，是目前国内村一级回族马帮用品实物收集最多、最齐的一个专题展室。

主院大门外北边的院落是一个"四合五天井"院落，临路是一个角楼连着一排两层 10 间的连排大马厩。院落临路墙壁檐下"好鸟枝头亦朋友，落花水面皆文章"，"古今山河古今在，古今不见古今人——马大人雅正"等书法绘画十分精美。

角楼是巍山回村大户人家的财富象征，也是防御土匪抢劫骡马物资、保护家园的瞭望塔和碉堡，村人习惯把角楼叫做"碉楼"。东莲花村有五座角楼，都是于 20 世纪 40 年

中
国
名
村
·
云
南
东
莲
花

1 | 2

1. 主院南下院古照壁
2. 马家大院主院角楼

代建成，是马帮经济繁荣发展的见证，也是马帮文化的象征。当然，作为财富的象征，碉楼少不了精雕细琢，所以，每一个角楼就是一幅集建筑、绘画和雕刻等艺术为一体的精美作品。

马家大院角楼傲立在大院东侧上院与下院的交汇处，精妙地连起了上下两院，较好地克服了上院厅房客厅作为连接上下两院过厅给使用带来的不便，是马家大院的经典之作。角楼高四层，重檐飞阁，雄伟壮观。每一道门窗户壁，每一个砖雕、飞檐都是能工巧匠精雕细刻、精心镶砌之作，每一个角度都能显示其独有的艺术魅力。角楼每层有两间屋子一般大小，一楼作为连接上下两个院落的过道，顶层为藏书楼和书房。第二层、第三层是主人接待贵宾的地方。角楼主人原为叱咤茶马古道的大马锅头，他广结军政要员和各路商贾，有朋自远方来，他们就在这幽静的一方天地里叙友情，谈古今，洽谈生意。角楼各层的门窗户壁全是用木板分隔，

每一层都在东西两侧留出观景廊道，廊道外侧有雕刻精美的木栏杆围护，倚栏而望，村外田园山峦、全村景色一览无余，大院四周一举一动一目了然。

马家大院大门西北侧矗立的角楼连着一溜马厩，外观简洁明快。角楼有三层，二、三层出檐，卷篷楼顶。外墙厚实，上半部分用六角形、四方形青砖护贴。角楼各层四面设有射击孔，是主人看家护院、守护马帮的匠心之作。角楼设在马厩一头，马帮夜归或者趁天黑出行，都不会惊扰了主人，赶马人给骡马添草上水也很方便。遇非常之时，非常之事，一旦有风吹草动，护卫人员便可在第一时间作出反应。

马家大院的精美，在于房屋建筑布局的精巧，在于房屋建造的特色和大气、恢弘，在于雕刻的精美和细节的展现。这些建筑、雕刻经过上百年岁月风雨侵蚀，依然彰显着当年的气魄和独有的魅力。

1 2

1. 主院角楼回廊
2. 马家大院马厩角楼

## 马如清大院

马如清是东莲花的又一位大马锅头，他为人低调，没有给后人留下什么可查的文史资料。现在我们还可以从他在旧居大门上雕塑的朵朵莲花看出，他是多么地喜爱生他养他的东莲花村。

马如清大院（马如清旧居）建于民国三十四年（1945），大院东西长，南北短，由东向西分为东院、中院和西院三个院落。三个院落、两个角楼、一排大马厩，房房相扣，院院相通相连，浑然一体。建筑空间层次丰厚，布局精巧。大门、房屋建筑和木雕、石雕、砖雕、绘画浮雕丰富多彩，技法多变，颇具特色。

马如清大院总大门与一栋三层八角高锥式建筑的角楼

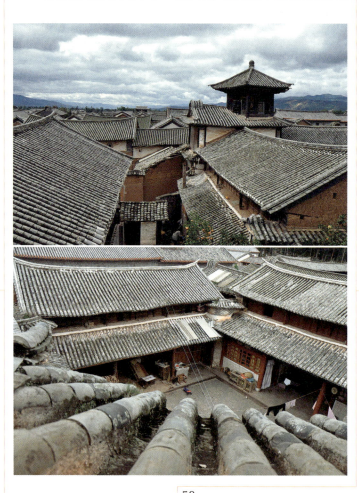

相连，角楼底层作总通道。

东莲花之名，源于村民广种莲藕，对莲花"出淤泥而不染"的崇尚，也深印在古村马锅头们的脑海深处，成为远走夷方的牵挂。马如清大院大门处八角高锥式建筑的角楼，在全村角楼建筑中雕刻丰富，创意独到，风格特别。角楼

<table>
<tr><td>1</td><td>3</td></tr>
<tr><td>2</td><td></td></tr>
</table>

1. 马如清大院全景
2. 四合院建筑
3. 马如清大院大门、角楼

不莲花

高三层，底层作三个院落的总通道。在总通道入口建有砖砌半圆拱形大门。大门两边门栏为砖砌，半圆面上用钢钉铆砌八角青砖，圆拱上是两层四大两小的六幅方形砖雕，砖雕之间留有射击孔。两层砖雕上面又是一逐渐收缩出檐的砖雕和架空的门头，门头上方正中才是门顶。门顶呈三角形架构，三角形的两条边砌有用花岗石雕刻架空的花边和四朵含苞欲放的莲花，正上方三角形两边交点处雕塑着一朵盛开的莲花。角楼第二层四面开窗，第三层六面开窗，有双合架花窗及框式架花窗，屋顶是一个八角伞形锤式尖顶，顶上又有一朵用汉白玉雕成的含苞欲放的莲花雕塑。角楼融西北亭雕艺术和巍山回族民居艺术为一体。"爱屋及乌"，角楼主人把爱莲、爱村的情感，淋漓尽致地写在大门的角楼上面了，充分表达了主人的审美情趣，饱含主人丰富的内心情感。大门和角楼相依相连，精美、豪华、气派。在这座角楼上可远眺整个村子。它在全村角楼建筑中风格最为特别，雕刻最为丰富，创意最为独到。

从角楼底层进去，马如清大院由西向东三个院落错落相连。相邻的两个院落之间的厅房是两面披厦，当地称之为"两面厦"。通过两房厅房连接三个院落。三个院落可独立成院

使用，也可以连通，结构极为精巧。

　　西院是"四合五天井"院落，这个院落有两大看点值得一提。第一个看点是院内有一个非常特别的"驯马圈"。在青砖铺就的院子中央，设有一个直径三米左右的圆面，使用与院子不同的青砖铺筑成圆形地面。这个特别铺筑的圆面就是当时用来驯马的地方。马帮运输道路崎岖，路途遥远，马匹是否听从赶马人的"指令"，驮子（马匹所驮的货物）是否平衡很是关键。经过长期训练，在马帮出发前，马匹能够在这三米圆面内主动来接受自己的驮子，并绕圆行走几圈，让主人看一看驮子是否平衡，确认平衡之后才能出发，否则驮子会把马背压破，形成"压疮"。第二个看点是"五滴水"建筑风貌。建在大门上的角楼与院子东南两房房屋的屋面，从上到下放射分布，五层瓦屋面在空中穿插，交错相依，形成特别壮美而又独特的景观。如遇大雨初停，一滴一滴的雨水，露珠一般从高处往下滴，每遇一层瓦屋面，霎时便砸出朵朵浪花。浪花飞溅砸成更多更小的露珠，然后又往下一级檐面跌去。雨珠每一次跌落都要与檐面发出碰撞声，檐面高低不同，声响音色不同。此情此景，俨然就是一幅江南春雨的水墨画。

　　中院由东、西两房厅房与北面的另一座角楼组成，是马

一中一国一名一村·云一南一东一莲一花

如清的花园，名为"春药园"。现在还保留着春药园题记。"春药园"角楼坐北向南，格外招人。角楼前，一棵百年石榴树灿烂地开着花。石榴西面的墙壁上"鱼龙变化"等纸筋灰浮塑，"日机轰炸大上海"和众多的花草、小动物、田野风光等水墨画惟妙惟肖。角楼是典型的当地回族建筑，风格鲜活。楼高三层，歇山顶，第二层、第三层披厦。四面有窗，正面楼窗由四个方形架花、雕花的长窗，两扇架花、雕花的双合式门窗组成。第三层西窗旁还设射击孔。整座建筑的木雕艺术高超，架花技术精湛，砖雕技法千变万化。角楼高宽比例、建筑和雕刻工艺都非常考究，处处独具匠心，建筑稳重、大气、精美，透出浓浓的古韵，是巍山回族建筑艺术的精品。

东院是"三房一照壁"的院落。照壁前有古井、马鞍形古花台。照壁上绘有花草、小动物、田野风光等水墨画，有巍山名兰之称的朱砂兰等花草浮雕。照壁水脚石上刻有菊花、狮子、对弈图等石雕。各栋房屋都是雕梁画栋，木雕、石雕、砖雕琳琅满目，工艺精巧。在中院角楼的西面还有一栋从东到西两排面对面18间连排的两层大马厩。三个院落既可以独立使用，又可以连成一片，是一件一气呵成的上乘之作。

2

1　3

1. 鱼龙变化浮雕
2. "春药园"角楼
3. 东院照壁和马鞍形花台、古井

# 马如骐大院

通过二十多年的苦心经营，马氏几兄弟成为名声远扬的大马锅头，积累了丰厚的物质财富，在村里建盖了豪宅大院。马如骐旧居（如骐大院）建于民国三十四年（1945），也是别具一格。如骐大院的大门与众不同，为平顶方形建筑式样，全部用石头镶嵌而成，砌石之间有多层砖雕和架花，砌石上花鸟鱼草，雕刻精美，展现出一种豪放的气概。门顶上有一对麒麟显得特别气派。麒麟，是中国古籍中记载的一种动物，与凤、龟、龙共称为"四灵"，常用来比喻杰出的人，

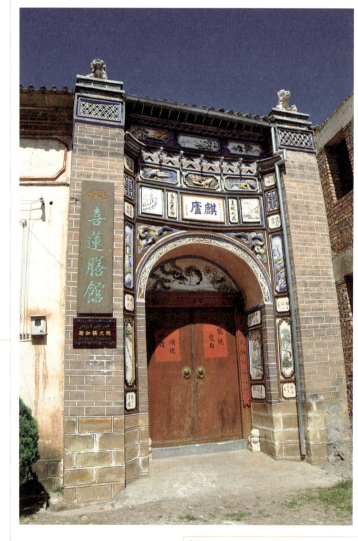

莲花

中—国—名—村—·—云—南—东—莲—花—

它又与主人名字"骐"谐音，或许豪宅的主人有着意味深长的表达。

推开这道厚重的大门，一座泰式风情与伊斯兰文化相融合的院落展现在眼前。大院呈"一壁照两院，走马转阁楼，角楼连马厩"的特色布局。大门在下院西方，连通上下两个院落。两个院落都是"三房一照壁"、"走马转阁楼"的建筑。两个院落的三房走马转阁楼的房子，出阁架斗的走廊都由泰式风味十足的栏杆环绕，很有异域风情。下院东南有一座高三层的角楼，使大院显得更加庄严肃穆，不同凡响。照壁是这两个院落的点睛之笔。照壁为双面照壁，一壁照上下两院，高大、厚重。照壁的花空、砖雕、石刻样样都是精雕细琢，照壁上花草、田园风景、书法、题字题图都是美轮美奂，就连照壁水脚石上也精心雕刻着茶桌、石桌、文房四宝等图案。照壁上花文并茂，南面题书"彩云南现"，北面题书"扶风世泽"，左右有"福如东海大，

角楼

浮雕

寿比南山高"砖雕对联。

　　位于下院东南的角楼在莲花古村也另有一番风味。角楼呈正方形塔楼结构，共三层，融合了泰式塔楼建筑风格和巍山回族建筑风格。四面飞檐翘壁，顶部是两个半圆形沙帽头，第三层四角分别由三根小柱子支撑，四面开窗，共八个窗，四周有泰式栏杆；第二、三层四方出角。整座角楼建筑稳重、大方、敦实，特色鲜明。

　　走进古村一院院老宅，仰望一座座角楼，无处不流淌着多民族建筑艺术和雕刻、绘画艺术水乳交融的美感，令人叹为观止，让人思寻：东莲花的马帮曾经走过怎样的雄关漫道，方才有了这般的辉煌。

# 鞍心支锅走夷方

六、莲花

一中一国一名一村一·一云一南一东一莲一花

在滇、川、藏地区的崇山峻岭之中，绵延盘旋着一条神秘的古道，这就是昔日声名远扬的"茶马古道"。

从本质来讲，茶马古道就是一条马帮之道。所谓马帮，就是在明、清至民国期间，以骡马作为运力开展长途大宗物资运输的队伍。为防匪患，赶马人要结帮而行，而且还要配备枪支等防卫武器以及兽医、马夫、修理、钉掌等技术人员和组织协调人员。这一结帮而行的马队就是马帮。马帮的领头人就是马锅头。马帮在特定时期为社会创造和积累了巨大的物质财富，也为我们留下了厚重的马帮文化。

马帮作为中国千百年间茶马古道上极其特殊的载体，促进了各地区的经济、信息交流，对扩大各民族文化的传播发挥了积极的作用，一定程度上成为联系沿途各地政治、经济和文化的纽带。云南地处云贵高原，又有四千多公里的边境线，与东南亚多个国家接壤，马帮运输尤为活跃。

马帮运输是一项艰苦而又危险的行业。常在险道走，难免遇到各种各样的困难、艰险和考验。鞍心支锅走夷方，收益虽好，但很冒险。"夷方"在千里之外，遥远的缅甸、泰国。马帮风餐露宿，行进在蜿蜒的山路，穿越于崇山峻岭，烈日暴雨、长蛇猛兽、土匪盗贼、瘴气瘟疫都会让马帮出行的时间拖上一年半载。遇上匪患也是斗智斗勇，力克艰险，力保人货两全。

鞍心不支锅，难于走夷方。巍山回族马帮开的都是清真伙食，即使风平浪静，挨上村，遇上店，也要亲自动手，做自己的清真菜饭。在马帮里，他们配备了阿訇，以便在行进中带领大伙礼拜，给途中去世的赶马人举行葬礼。回族马帮配备伙夫，专司一日三餐；留出专门驮运锅盏、食物的骡马，备足粮食、干菜和油盐。当然，他们还要配备足够的草鞋、马掌、马钉，也忘不了给头骡戴上大红花，

远走夷方路的回族马帮

中—国—名—村·云—南—东—莲—花—

披上彩带，系上大铃铛；给二骡系上一串小铃铛。

回族信仰伊斯兰教，在他们的心目中凡事都托靠真主，不信邪，敢于冒险，吃苦耐劳，甚至客死他乡也不忌讳。远离家乡的回族赶马人如果途中病故或遇害，就由阿訇带领举行葬礼，就地安埋，他们在艰险的"夷方"路上，用智勇和汗水谱写茶马古道的风采。巍山回族马帮走过的是一条笔尽难书的艰辛漫道，一条在艰难困苦中求生存，奋发图强中求发展的不息之道。

"回族马帮遍天下，哪个驿站没有回。"

巍山回族马帮是回商爱国爱族、开拓进取、不畏艰险的民族精神的缩影，是巍山回族先民用辉煌的生命写成的璀璨诗篇。在清代和民国时期，马帮作为主要运输工具活跃在茶马古道的时候，巍山回族马帮在茶马古道上赫赫有名，享誉云南，名扬大西南乃至东南亚许多国家和地区。据史料记载，20世纪40年代，巍山规模较大的回族马帮就有一百多帮，骡马五千余匹，赶马人一千多名。如果把骡马排成一路行走纵队，长可达二十多公里，这场面是何等的壮观！

民国年间，巍山回族马帮持有官方签发的通行证。一匹骡马一般驮运五六十公斤，每日行程在三十公里左右。为防范土匪抢劫，马帮到边远地带，要数帮或数十帮结队而行，并携带精良的防备武器。每个马帮都有两匹领头骡马，领头的叫头骡，在脖颈上挂有大铃，二骡挂一串铃铛（由多个小铃串成一串）。头骡和二骡都佩戴皮制的笼头套口，披挂彩带，威武、雄壮。马帮还备有骑骡和空马（不驮运货物）各一匹。骑骡主要供马锅头骑，若遇到有马夫生病，则让病人骑。空驮的马匹由伙夫负责，专门驮运炊具和马夫的鞋子等杂物。大的马帮除赶马人外，阿訇、医生、神枪手、

拉萨　昌都　芒康　成都　至西安、北京

至尼泊尔、印度　德钦　雅安　昭通

香格里拉

剑川　丽江

漾濞　大理　云南驿

永平　巍山　南涧　南华

腾冲　保山　凤庆　云县　景东　昆明

畹町　芒市　耿马　临沧　镇沅

双江　景谷　普洱

勐海　景洪

"三进"线路 ————
"三出"线路 ————

巍山马帮"三进""三出"线路图

兽医、修理、钉掌等人员一应俱全。

马锅头是运输商队的负责人和组织协调人员，在马帮中负责接洽生意、结算和分配财物，组织马帮行进。马帮无论大小都要在马锅头的领导下统一行动。回族马帮的锅头一般是信誉和伊斯兰教规遵行都比较好、出类拔萃的人。赶马人一般是机警果敢、年轻力壮的人，而且还要有乐于助人、患难与共的信念。赶马人以马为伴，爱马如子。若遇驮马失足要代马负驮，抢险过关渡筏扛驮。甚至泅恶浪涉险滩牵马过江，这些都是凭毅力、拼体力的冲刺。

巍山是茶马古道上"三进""三出"的重镇。回族马帮主要从事茶叶、布料、药材、食盐等产品的运输和贩买贩卖，驿道（运输线路）有西路、东路、北路、南路四条通道。

西路主要是缅甸方向。这一条线路比较艰险，被当地赶马人称之为"走夷方"。其行进路线大致是：巍山—鼠街—（过漾江）珠街—（过澜沧江）昌宁—板桥—（进保山）蒲蛮哨（或者惠通桥）—（过怒江）橄榄哨（或龙陵）—腾冲（或芒市）—洋人街（或畹町）—（入缅甸）仰光。

东路主要是经昆明到四川、贵州、广西方向。其行进路

中—国—名—村··云—南—东—莲—花—

径大致是：巍山—红岩—官乃铺（或依江铺）—青华铺—高官铺（或云南驿）—普棚哨—沙桥驿—楚雄—马石铺（或饱满街）—羊老哨（或老鸭关）—安宁—昆明。

以昆明为出省起点，根据去向，又分成三条线路：

第一条是川道：昆明—嵩明—寻甸—东川—会泽—昭通—宜宾—重庆（或成都）；

第二条是黔道：昆明—嵩明—寻甸—马龙—曲靖—沾益—普安—盘县—安顺—贵阳；

第三条是桂道：昆明—宜良—陆良—罗平—兴义州—旧州—百色—南宁。

北路主要是西昌方向。大致线路是：巍山—下关—牛井—片角—（过金沙江）金江街—期纳—宁蒗—盐源—西昌。

南路主要是到产茶的勐海、沧源、普洱、思茅、景洪等地的接茶之道。大致线路是：巍山—营盘—鼠街—牛街—（过黑惠江）—犀牛渡—顺宁（凤庆）—云县—缅宁（临沧）—浪沧（或耿马）—勐海（或沧源）—景东—普洱—思茅—景洪。

在长期的马帮生活中，巍山涌现了许多知名的回族大马锅头。晏旗厂村马彩庭，自养骡马140匹，雇请赶马人十多人，来往于凤庆、云县、保山、昆明以及边境一带，驮运经营茶叶、棉纱、食盐等货物。后来他的马帮发展到有骡马一千多匹。他的马帮和经营管理能力受到云南省国民政府主席龙云的重视，龙云还与他打干亲家，并任命他为云南省通运处处长，成为龙云统运局的主力，往来于四川重庆、西昌、会理，广西百色，云南思茅、普洱，西藏等地区和缅甸、越南等国家。忽耀龙和忽然茂、忽然显父子都是小围埂村的大马锅头，名扬西南广大地区乃至泰国、缅甸等国家。东莲花村的马如骥、马如骐、马如清、马如骧等都是有名的大马锅头，以马帮营运富甲一方。回辉登的忽亮先、朱映堂、米文影、忽德臣、朱玉泰、马明崇六大马帮拥有驮骡二百五十多匹，每个马帮资金银元（半开）万元以上。大围埂的马信良、马祥华、杨枝茂、马应远、马文秀、王绍文、马相廷，三家村的马祥图、马怀仅、马怀志、沙自清等都是有名的回族马锅头。当时巍山18个回族村子，村村都有马帮，马帮运输一度成为巍山回族经济发展的重要行业。

巍山回族马帮在抗日战争中立下了汗马功劳。回族马锅头们为了国家和民族的生存，发扬"舍牺德"（为正信之道献身）精神，以勇于奉献、敢于牺牲的勇气，积极组织马帮参加抗日物资运输。当时，云南驿的马帮活跃在600公里的滇缅干线，参与抗战物资运输的驮马3700匹，其中，以回民为马锅头的蒙化马帮的驮马就有700匹，占全线的五分之一。1942年，日军进犯畹町、龙陵、腾冲，惠通桥被炸毁，滇缅公路沿线异常混乱。保山有军工物资1.5万吨急需抢运到昆明。下关驿运办事处的马廷壁接受此项任务后，紧急赶到蒙化、永平、漾濞各县回民聚居、马帮较多的地区，组织马帮运力。在"国家兴亡，匹夫有责"和"舍牺德"精神鼓舞下，迅即组织了巍山回族马帮的驮马700匹和其他地方的马帮一起展开紧急运输。原订保山的物资每月运输3000吨，用5个月时间运完。但由于回族马帮勇于吃苦，超负荷工作，仅用4个月时间就完成了运输任务。

新中国成立以后，在支援进军西藏，剿灭小凉山残匪中，都有大量的巍山回族马帮为之作出贡献，圆满地完成了为解放军运送进藏物资的任务。

巍山回族马帮在为物质文明作出重要贡献的同时，也创造了丰富而又独具特色的回族马帮文化。

巍山回族马帮对食宿颇有讲究，天长日久也就创造了自己特有的食宿文化。巍山回族马帮吃饭叫"拽锅"，饭锅叫"头骡"，菜锅叫"二骡"，茶壶叫"小鸟嘴"。吃饭的时候，炊具、餐具要向着马帮的目标方向顺序摆放，饭锅摆在前，其他的依次往后摆。可以用饭锅盖子装饭，菜锅盖子装菜，依次放在饭锅后面，摆成一行。盛饭菜时，饭锅、菜锅都不能动，人也不能动。需要加饭菜时就把用来装饭菜的锅盖往饭菜锅的方向传，由在饭菜锅旁边的人把饭菜盛满锅盖后又反传回来；需要加饭菜的，就从锅盖子舀到各自的饭碗里。马帮使用的饭碗一般用篾片编成，放在马驮上，不易破碎便于携带。马帮宰鸡打牙祭时，哪个人宰鸡，就由哪个人吃鸡头。炒菜时，不能炼油，只能等水沸之后再把香油放在沸水里。因为怕炼油时，油香味散发出去，远处的豹子、老虎等动物就会寻香而来。

马帮行路，有时住店，有时不住店，这要根据马帮路线及驿站而定。一般多住马店，马店里既能住人又设有马厩。马帮歇脚处没有旅店，需要露宿时就选择地势高、避风的

马帮"开宵"煮饭模拟场景

捆马驮子

地方。选好营地后，先摘一些树叶垫在地上，上面铺上棕毯，再铺上一张毯子，盖两张毯子睡觉。还可以用几个马鞍，倒置在地面，形成"V"型"马鞍铺"。遇到下雨时，就把四驮马驮子摆齐，把床铺设在马驮子中间，用棕毯盖好，床铺就不会被淋湿。临睡前，还要在宿营地的四周生上火塘，在火塘里放上草果，用草果熏烧。熏烧草果发出的特殊气味足以使虎豹避而远之，整夜都不敢靠近。

马帮露宿时，砍桩、拴马也颇有讲究。拴马时要钉一排树桩，一棵拴马桩上拴两匹马，把马排成一排。熟练的赶马人砍的拴马桩是三角形的方桩，不会砍的就砍成四方形或是圆形。马贼探子看马帮中行家多不多，只要看一看拴马桩就一目了然。如果发现四方形或圆形的马桩多，说明马帮中的新手多，晚上便可能会来偷马盗货。

马帮驮子的捆法十分讲究，驮盐巴、百货和驮茶叶的捆法各不相同。捆不好驮子会压坏马背，形成压疮，甚至半路散驮或者马匹根本就无法远行。

回族马帮的赶马人都善于养马。马帮每次外出前，他们都要精心准备好骡马的饲料，用铡刀把稻草铡成一寸左右长短的草料，再备上几升（每升6市斤）蚕豆。每匹远行的马都要在马驮中间加一袋三十斤左右的草料。喂料时，在专用的马料背（袋）里放上草料，再舀上一小碗蚕豆，把马料背套在马脖子上，让马慢慢吃。马帮远行，晚上在没有庄稼的地方住宿，就要放牧一阵，让马尽情吃草；在有庄稼的地方住宿，就把马关在马厩里。赶马人再苦再累，都要到田埂上割一些青草放在马厩里，给马匹上夜草，精心饲养。

巍山回族马帮有相对固定的作息时间，晨礼后（天亮前）启程，中午晌礼时休息，作完晌礼后起步，到傍晚时用餐休息。马帮有严格的组织和规矩，行路、食宿和说话都要遵守规矩。马帮还有约定俗成的旗号旗语，有专人敲锣敲铓，以此联络马帮统一行动。大队马帮在锣声、铃声和赶马人的吆喝声中行进，在"茶马古道"上演绎着"山间铃响马帮来"的历史画卷。

巍山回族马帮，赶马人有自己的"行头"。这种行头既具有鲜明的时代特征和民族特色，又与马帮经常要长途跋涉，需要便于行走有关。

巍山回族马帮赶马人常戴护耳帽，上衣为对襟衣裳，一般有九个布纽扣，三开袋。裤子多为大宽短裤，宽裤腰，宽裤脚。马锅头和家庭富裕的赶马人还要穿上比较耐寒、结实的皮马甲。

当时的赶马人一般都是穿草鞋或麻草鞋。出一趟远门，要带许多草鞋，有时一双草鞋还穿不过一天。当然，出门时，马帮还要为骡马准备上许多马掌马钉。马掌一坏，就要马上给马换马掌，防止马脚溃烂，影响行走。

马帮出行时，赶马人还要戴上箬帽和蓑衣。下雨时避雨，天热时防晒。

| 1 | 2 |
|---|---|
| 3 | 4 |
| 5 | 6 |
| 7 8 | |

1. 马帮用具——铓
2. 马帮用具——洗小净用的枣子壶
3. 马帮用具——竹篮
4. 马帮用具——饭盒
5. 马帮用具——马架子
6. 马帮用具——大茶壶
7. 马帮用具——马灯
8. 马帮用具——梭镖头

玄莲花

中国名村·云南东莲花

天莲花

赶马人生活十分艰辛和富有挑战。为保密和内部交流，巍山回族马帮巧妙地把马帮生活、伊斯兰文化和各地的风土人情融合，形成了独具特色的语言，说自己的"行话"。比如：吃饭叫"拽锅"，盐巴叫"来麦"，茶叫"格黑"，水叫"敖布"，油叫"鲁碗"，包谷叫"红肖"，火叫"敖太"，钱叫"得郎"，出发或者撤离叫"夫"，替人运输获得的运输费叫"脚钱"等。

巍山回族马帮在日常生活中使用汉语的同时，还保留着一些阿拉伯语和波斯语的词汇。比如：一叫"页"，二叫"都"，三叫"仙"，四叫"朝"，五叫"攀"，六叫"攀闪"，等等；又比如：见景生情叫"瞧尔辽"，"太喽思"是害怕的意思，"哈了目"即非法的意思，"哈了礼"即合法的意思，等等。

巍山回族马帮还常使用巍山回族民间的"攒言子"话。攒言子就是要表达一个字时，不是直接说出来，而是要说一个四字成语或者俗语的前三个字，把真正要表达的这个字留在后面不说。这个字可以是成语原来的字，也可以是谐音字，谈话的人从前三个字推断出最后这一个字。这种交流方法十分明了有趣，还可以锻炼脑子。攒言子可以用来聊天，也可以用来谈生意，进行内部交流。比如：滋五赖（六）、一片烂（张）、酸桃涩（李）、死牛烂（马）等。

马帮是人与马合作共事的队伍。赶马人在长期的赶马过程中与骡马结下深厚的情感。形成了叫唤、吆喝骡马时的一种特殊语言：马语。"嘘"叫马饮水，"驾"叫马奔跑，"唔"叫马停住。马与人相处日久，也渐通人性，与人有了一定的感情。赶马人常给骡马取诸如大红、二红、花美、栗色、海骝、枣骝、大乌、小乌、花脸、花尾、花腰、小青骡、小黑骡等名字。经过一段时间的驯化，当赶马人叫到它们的名字时，它们会自动跑过来站成一排；它们还知道自己

一中一国一名一村一·一云一南一东一莲一花

的驮子，排到谁的驮子，谁就会过来让赶马人抬驮。喂料时，抖料背（袋），辅之简单的马语，它们也会纷纷跑来。马语简单明了，方便赶马人与马打交道。

"夷方"之路遥远而艰险，赶马人的行程单调而富有挑战。铓和锣是巍山回族马帮运输中必备之物。它既是马帮行进中的一种特殊"信号发生器"，更是赶马人人人皆懂的乐器。进店敲，出店敲，召唤放在野外的骡马回来时敲，通知赶马人吃饭时敲，走窄路预告对方让路时敲，遇到匪徒，向四方求救时敲。敲锣自有规矩，不同的马帮、不同的场所和意图，敲锣频率响度都各不相同。赶马行家根据锣声的大小、快慢和节奏就可以分辨出是哪个地方的马帮甚至是哪家的马帮，知道锣声传递的是什么信息。

"赶马调"是回族马帮在遥遥"夷方"行程中最喜爱的一种民歌，它曲调优美而又简单易学。"赶马调"多为回族赶马小伙子的随口创作，他们边走边唱，演绎了马帮艰辛旅途中的另外一种浪漫。"赶马调"一般有几个固定的曲调，演唱时可以根据现实生活和心情临时找曲填词。"赶马调"多表现男女爱情、马帮生活和风土人情。

巍山回族马帮流行的赶马调很多，年轻的赶马人喜爱的"赶马调"如：

头骡要要乌须白，二骡要要点子花；
头骡调得月牙样，二骡调得满天星。

头骡打扮玻璃镜，玻璃镜子照前方；
二骡打扮红花穗，红花穗子挂两边。
砍柴莫砍葡萄藤，养囡莫嫁赶马人；
三十晚上讨媳妇，初一早上要出门。
要想走到夷方坝，先把你的老婆嫁；

要想发财走夷方，出去回来就盖房。

郎回郎的那个村子去，妹回要回妹的彩云村；

郎回村里就像龙归海，妹回彩云就像凤归山。


男：三十晚上啦讨媳妇，初一初二啦要出门。

女：你要出门啦莫讨我，你要讨我啦莫出门。

男：小哥讨你差下夷方账，不走夷方啦还不清。

女：差下夷方账也不怕，妹纺纱织布啦帮还。

男：此账必须得走夷方，纺纱织布啦还不清。


赶马调《还家团圆》更是透露出了远离故土，千里走夷方的无比辛酸与无奈：


去时骡子去时鞍，头骡二骡走进庄；

项上马铃依然在，叮叮当当多响亮。

债主听到大铃响，忙把本利一齐算；

人未坐稳催单到，催债好似饿虎狼。

乡亲听到大铃响，知道游子归故乡；

一把扯住马笼头，还没问话泪成行。

娃娃听得大铃响，马前马后一大串；

错认我是远方客，猜我来此干哪样。

二老听得大铃响，双双摇头轻轻叹：

我儿久久无音信，切莫错把路来望。

头骡来到大门口，跨过门槛踏进院；

二老猛见头骡到，望我忘把驮子端。

妻子抱儿门边站，低下头来泪盈眶；

顺手接儿抱在怀，儿不识父哇哇嚷。

从这些"赶马调"，我们可以看出当时马帮运输的艰辛，

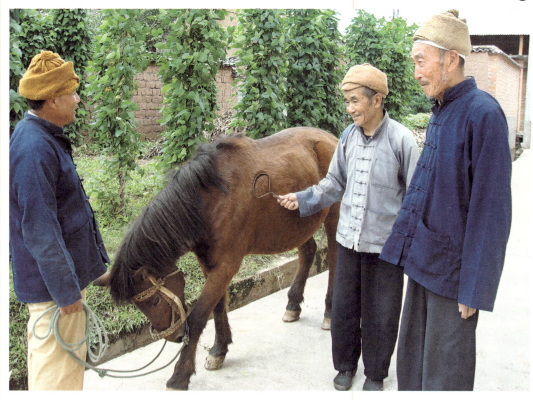

东莲花早期的赶马老人

农民生活的困苦，赶马人为生计不得不千里迢迢"走夷方"的无奈，也表现了回族赶马人的坚强意志和洒脱，是当时马帮生活的真实写照。

清末和民国时期，东莲花共有大马帮七支，三百五十多匹骡马，赶马人近百人。马如骥、马如骐、马如清、马如骧、马如林、张跃山、张鉴清等是巍山回族马帮中有名的大马锅头，他们走南闯北，赶马贩运茶、糖、丝麻等物品，自行运输、自行销售，来往于东亚各国。小马帮则更多，那时的东莲花村家家养马，户户经商。村内马帮、马锅头云集，来往商人如织，经济活跃，市场繁荣。马帮书写了东莲花辉煌的一页，驮出了金灿灿的名村。东莲花的马锅头和众多的赶马人，用勤劳和汗水为后人留下了不朽的业绩。

# "五星级"大马厩

清末及民国初期，东莲花率先富裕起来的马锅头们，竞相建盖了许多令人叹为观止的精美建筑。这些精美建筑不仅是住宅，也还包括气势不凡的角楼马厩、仓库和赶马人的住所。现在东莲花还完整保存了大马锅头马如骥建盖的两座角楼和角楼连马厩的一排十间（二层）连体成排的大马厩、一院马帮物资库房宅院；大马锅头马如清建盖的两座角楼和两排18间（二层）连体成排大马厩；马锅头马如林留下的一房两层豪华气派的大马厩，被当地人称为"五星级"大马厩。从东莲花现在保存较好的角楼和马厩来看，在建设时马锅头们既考虑到了赶马人的居住用房和警卫防护，又考虑到了马帮物资的装卸储存和饲草收储。像马如骥、马如清、马如林等马锅头的马厩都是连排两层建筑，第一层关马，第二层赶马人居住或者堆放草料。很多马锅头、养马人家还建有角楼，作为观察哨和防卫的制高点及书房和接待贵宾的客房。此外，东莲花还有驯马场、拴马柱，马帮使用过的马笼头、马鞍、铃铛、炊具、运输香油专用竹油笼（用竹篾编成的篮子）等许多实物遗存；还有马帮长期行走的古道和古道上被马蹄天长日久踏出的马蹄窝。这些都是茶马古道上马帮文化不可多得的重要遗迹、遗存，

| 1 | 2 | 5 |
| | | 6 |
| | 3 | 7 |
| | 4 | |

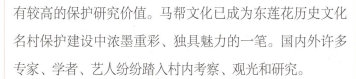

有较高的保护研究价值。马帮文化已成为东莲花历史文化名村保护建设中浓墨重彩、独具魅力的一笔。国内外许多专家、学者、艺人纷纷踏入村内考察、观光和研究。

1.马如林的大马厩外景，被村民称为"五星级"大马厩
2.马如清的18间两层双排的大马厩
3.马如骥宅院的马厩
4.巍山茶马古道隆庆关深深的马蹄窝
5~6.东莲花古宅院水石脚上雕刻的骡马浮雕像
7.拴马石

灵性山川

中国民间
文化遗产
抢救工程
THE PROJECT TO CHINESE
FOLK CULTURAL HERITAGES
SOS

一方水土养育一方人。巍山宝地，红河福水不仅孕育了盛极三百多年的南诏古国和南诏文明，培育了中国历史文化名城巍山，也孕育了中国历史文化名村东莲花，孕育了杜文秀反清起义的揭竿之地小围埂及其红河源两岸众多的人文胜景。

## 红河源

红河是中国南部最著名的一条河流，全长1200公里，出大理境后流经双柏、新平、红河、石屏、元阳、建水、个旧、金平、蒙自、河口，在河口旧街与南溪河汇合后流入越南，经河内、海防由北部湾注入南海。红河在云南境内长690公里，在越南境内长500公里。

这条美丽的红河就发源于巍山彝族回族自治县永建镇红河源村委会的米麓么村，它由北向南横穿巍山坝子。

学者柴枫子先生在徒步考察了云南六条大河之后，经过与相关部门反复沟通确认，1999年4月24日，他与有关

部门领导及当地村民一起在巍山县永建镇红河源村委会的米麓么村举行了盛大的立碑仪式，在红河发出第一滴水的山箐旁的一个小山坡上立下了"额骨阿宝"石碑，立下了《红河源祭》。

《红河源祭》写道：

这里是元江红河主流之源。

大江红河的第一滴水，从此而始、而强、而壮、而大，影响并支持云南和亚洲的大地原野；

生命从此而始，精神的、情感的和血肉的生命，那壮美的生命，它的第一滴水在此发生，并从此流淌起来，与元江红河同步，终于浩荡奔腾。

大地的复兴和丰盈，是我的美，是我波澜壮阔的美。生命的源流，从此而发动，如日之升真真而从容，如光之盈源源而深入，向着充分，在祖国之南……

红河在巍山境内被称作"额骨阿宝"，旧称"阳瓜江"。

2

1

1. 红河源发源的秀美群山
2. "额骨阿宝，大红河源"碑

"额骨阿宝"是彝族语，它的意思是一条弯弯曲曲的父亲河。几乎在世界范围内，人们都把自己境内的最主要河流称之为母亲河，但红河不是，它从一开始就被称为父亲河，足见红河的雄壮和巍山人民对它的敬重之情。红河源头的彝族村民在发出红河第一滴水的山箐建盖了龙王庙，每年都要举行祭祀活动，感谢龙王赐给他们丰盈的雨水滋润山林田园，给予红河不竭的水源。

巍山旧时称红河为"阳瓜江"。巍山气候温和，阳瓜江两岸大多是沙壤地，土地肥沃，过去村民喜欢在两岸种植冬瓜、南瓜，筑塘养鱼，整个巍山坝子就是一个瓜果飘香、鱼菱满川的地方。每当秋收时节，河水粼粼，瓜果遍地，如玉撒地，望之垒垒。旧志称此景为"瓜江垒玉"，是巍山著名的十六景之一，早已载入史籍。清康熙庠生杨友楠曾题《瓜江磊玉》诗：

一江两岸似蓝田，翠拥珠拖夹锦涟；
蔓引青畦凝晓露，珠熏赤日累晴天。

1 2

1. 巍山县红河源村委会彝族村民在红河源发出第一滴水的山箐旁建盖的龙王庙
2. 红河源发出的第一滴水

龚珍不争供清赏，侑食犹堪列绮宴；
非是昆山来地轴，龙蹄多在蓼花边。

集千沟万壑之源，红河水激昂地冲下山来，从一个叫做落马处的地方流入巍山坝子，一泻千里，向南奔去。

红河水在阳瓜江的河床里浩荡奔腾。当流经国家重点文物保护单位南诏故都㟒圩图城遗址时，一改它澎湃激昂的壮美之势，变得格外柔美，温柔地舒展开来，沿山脚甩出了"九曲十八弯"，然后凝重地重新起步，再一路缓缓向南而去，仿佛独为这千年古都披上一道彩霞，又似有意放慢脚步向古都作不舍的告别。站在古都遗址，"九曲十八弯"的秀美红河水，一个个小村庄，神奇俊秀的巍宝山麓，织锦般的田野尽收眼底，天造神奇的田园风光展现在眼前，成为红河源一大胜景。

1

2

1. 红河源九曲十八弯
2. 南诏古都㟒圩图城遗址

# 永济桥

红河的东面，是巍山回族聚居的地方。东莲花等众多回族村子的马帮一出家门，就要经过红河的第一条支流——永济河（也叫巡检河）。当时的永济河河宽水深流急，必须建桥。永济桥名副其实是巍山回族马帮在茶马古道运输线上的第一桥。

永济桥位于小围埂村西，北距东莲花2公里左右。历经四百三十多年风雨，至今仍横跨河上，形如长虹卧波，成为一道亮丽的历史文化风景，是巍山县重点文物保护单位。

永济桥始建于明万历元年（1573），为蒙化通判、四川成都人薛希周所建。清光绪十一年（1885），蒙化直隶厅同知下凝庶重修，是自明代以来蒙化往西通往漾濞、永平、保山，进入缅甸古驿道的重要桥梁。永济桥为木结构风雨桥，桥通长15.6米，宽3.25米，高6.9米。结构用5根直径30厘米的圆木架于两岸，再在两岸各安木斜撑两根以支木架，桥面上铺木板，桥面两边设有长凳和栏杆，可供过

— 中国名村·云南·东莲花

往行人纳凉休息。桥身上建人字顶瓦屋3间，桥头桥尾均设有单檐卷篷顶门楼，门楼东西山间墙有腰厦。桥身结构严谨，造型美观。桥西门楼的北面墙壁上镶有明代知名白族学者李元阳题写的《永济桥碑记》。

《永济桥碑记》雕刻在大理石上。碑云：

　　蒙化甸头永济桥，府通判成都沔江薛君所建也。此桥于春冬可有可无，若夫百川灌河，流潦奔骤之时，顷刻之间，水深丈许。频年人马冒渡而死者不知其数，邮铺递文，戴星承命者往往阂阻，以此罹法网者，岁又不知其几矣。

　　自有郡以来，孰究孰思。薛君莅任既两期月，政成化行。万历初元春，仍以桥事谋于乡大夫晴湖张君（名烈文，字元焕），遂兴兹役。委仓使梁儒督发山木，五材既俱，首尾十月而竣工。愚谓近代守令，但知计俸度日，任满而去。境内桥梁道路，大为民病，一切付之不问。乃薛君任为己事，捐俸廪，首倡义举，一时士民莫不感动，效工施财有差，而太学童瑜季昆其著也。呜呼！非有感人之素而能然乎。余居邻壤，闻行旅欢声，因买石识其岁月。此桥共费银玖拾两，其施舍一钱以上者，并列名氏于碑阴，庶几将来随坏随修，无替惠嘉之意云尔。薛君，名希周。

关于永济桥，在巍山永建地区民间还流传着一个神奇的传说：

古时的巡检河，是南来北往的必经路径，但却没有桥。于是人们决定造一座桥。

一听说要造桥，周围的百姓，过往的行人，人人支持。

1. 永济桥是昔日巍山"茶马古道"上的第一桥

2.《永济桥碑记》

天莲花

永济桥门楼

大家有钱出钱，有力出力。主意决定后，由于大家齐心，没有多长时间，桥就造好了。人们奔走相告，高兴万分。可是，大家的欢欣却被当年雨季的一场洪水冲走了。待到水落河静时，桥墩、桥身早被大水冲得无影无踪，不知去向。洪水不但冲毁了桥，而且撕开了河堤，泥沙掩埋了无数良田。

　　有人不服，倡议再造。于是，大家又齐心协力，鼓起劲来再一次造桥。经过一番努力，大家又把桥造好了。可是无情的洪水又一次把桥冲毁了。如是反复几次，都没有成功。大家累得精疲力竭，垂头丧气。一提架桥，人人摇头，个个叹气。大家都认为巡检河上是架不起桥来了。

一天，村里来了一位中年男子，他找到前几次造桥的领头人，说自己不仅有造桥的技术，而且还有一个专门造桥的匠艺班子，愿意来这里尽力，并保证造好的桥不会被洪水冲走，工钱多少可以不过多计较。看着这男子，穿的普通，表情庄重，目光善良，不像吹牛的人。领头人想了想说："容我找大伙商量一下再说。"

经过一番激烈的争论后，造桥的必要性和紧迫性再一次统一了大家的意见，大家同意由他来帮助建桥。

选择造桥地点时，那个师傅只管路从哪里过最直，河的宽窄一概不提。当他把造桥地点决定后，人们不禁好笑起来：在这宽宽的河床上架桥，孤零零的，大水一来，不冲个干干净净才怪。那师傅好像看出了大家的心事，他笑着对大家说："这里很合适，行人可以少走弯路省时间，至于桥身，也不需要太长，桥身上下河堤和桥两头的路，可以用石块支砌，用沙石泥土垫起来，水自然而然就归到桥下去了。"

造桥工程轰轰烈烈地展开了，工地一片繁忙。那师傅指挥自如，各项工序井井有条。他带来的那些工匠，个个生龙活虎，手勤脚快，力大技高。几个人抬的石头，他们一个人就轻轻拿走；要多人抬的大梁木，他们两个人就扛着跑。那些石料，不管大小，放下就稳；木料不管长短，装上就成。真是随取随用，得心应手！

不到两个月，一座美观、牢实的大桥落成了。房头下，桥身两边，有扶手栏杆和供人休息的坐板，桥头桥尾两端有门楼。人人都感到高兴、满意，就问那位师傅："几时踩桥呀？"那师傅和气地答道："明天午时三刻。""请谁来踩呢？"有人问。"到时候，哪个过路人先来到桥头，就由哪个人踩。"大家半信半疑，不禁问道："如果到时候没有人来呢？""绝对不会。"那师傅回答了人们的疑问后，就去找领头人，告诉他："明天午时三刻踩桥，桥名和桥上的对联，那个踩桥人自己会动笔。如果你们要庆贺一下，可以准备准备。"领头人听了师傅的话，便自去安排。但心里却结了个疙瘩，心想，真令人费解，要是那个踩桥人是个大老粗呢？那么匾和对联不就泡汤了。

第二天，奇怪的事情发生了：大家来到工地上，却见工棚里空荡荡的，连一个人影也没有了。人们你问我，我问你，谁也不知道一夜之间这位师傅和工匠们都到哪里去了。眼看午时三刻就要到了，桥两头路上却不见一个行人，大家焦急万分，都伸长脖子四处观望着，不知所措。忽然有人说："瞧！那不是来了。"大家顺着说话人手指的方向看去，果然桥对面的拐弯处有个人影正急步赶来。只见来者是位中等个子的老人，一身奇怪打扮：一只脚有鞋无袜，另一只脚有袜无鞋，背还有点驼，走路一颠一跛的。老人的样子逗得不少人大笑起来。"嗯！这就是踩桥人，一副大老粗的样子，看他怎么书写匾联？"有人不相信地说了句。一时间，你一言我一语，交头接耳起来。

老人来到桥头，漫不经心地向人群扫了一眼，毫不客气地拿起剪子就破了彩。接着，在鞭炮声中提起笔，随手向横匾上一挥，"永济桥"三个活生生的行书大字顿时便闪耀在人们眼前。霎时，议论声停止了，人们向老人投去了崇敬的目光。老人若无其事地顺手蘸了蘸墨，又"刷刷刷"地在石碑上一笔到底用草书写了一副几百年来无人破解的对联。

永济桥

写罢，老人放下笔，走过桥后，飘然而去。当大家从惊异中清醒过来时，那老人已不知去向。人们慌忙去看对联的落款时，只见一行小小的正楷字"二王夹十父下斤"落在右联下端。"咦，这是什么意思呀？"众人反复推敲，一个老者悟出"二王夹十"是个"班"字，"父下斤"是个"斧"字，连起来即是"班斧"二字，这就不难理解，肯定是鲁班师傅了。大家都说："既是仙人帮助造的桥，那一定不会被水冲了。"

永济桥果然名副其实。它作为红河源支流永济河上的主要桥梁，在漫长的岁月里，几经大水的冲击，都安然无恙。桥上桥下不远处的河堤也不止一次被洪水冲塌，但桥体始终巍然屹立，使用了四百多年。直到 20 世纪 90 年代，为保护古桥，政府在其下游修建了简易水泥公路桥，永济桥才不再作公路桥梁通行使用。2004 年，由香港詹益邦先生捐资，按照"修旧如旧"的原则对永济桥进行了全面维修。

## 忠义堂

在东莲花村东北两公里开外的小围埂村南路口，有一院典型老宅。和众多马锅头的豪宅一样，在马帮时代，作为财富的象征，它是"一进两院"、"六合同春"的豪宅大院。这便是小围埂马朝真大院。这院老宅建于清代末期，比东莲花马家大院建造时间早了八十多年。这院"一进两院，六合同春"的宅院，北院是一个"四合五天井"的院子，通过中间两面披厦的过厅连接着南院"三房一照壁"的院子，照壁西侧有一眼古井，南面是宽阔的花园。大门外一条长二十多米、阔四米许的石板路连接着村里的主道，在离大门约三米的地方建有一座十分气派的门楼，门楼东侧设有硕大的下马石，当年是武官下马、文官下轿的地方。大门东北侧有一棵槐树。这就是赫赫有名的"忠义堂"。

忠义堂原是大小围埂、晏旗厂乡绅为马帮运输贸易自保自卫的需要而创立的秘密帮会，创立时间大约比杜文秀起

义早35年。《杜文秀帅府秘录》称，忠义堂以小围埂村的七依摩马朝真为头领，起初成员"拒汉人入"，后有汉、彝、白、藏等民族加入。他们聚义、自保、自卫，人员有分工：或购械捐粮，或联络同仁，或刺探军情，影响力不断扩大。有道是："三个依摩九条龙，朝廷车马行不通；三个依摩一条江，清朝大船不拢岸。""依摩"为波斯语，阿语叫"伊玛目"，意为众人的领导者，也算一方的民族领袖。

人随鸾凤飞腾远，人伴贤良品质高。有史料记载，杜文秀到达巍山，在小围埂村多年。他住在忠义堂的日子里，曾在小围埂清真寺旧址义学堂讲学，并和七依摩马朝真一起改组和扩大了忠义堂。从清道光二十五年（1845）永昌屠回事件到咸丰四年（1854）全滇相继发生多起屠回和焚烧清真寺的重大事件，直面清廷的腐朽统治和严重的民族歧视、民族压迫，在杜文秀、马朝真等人领导下的忠义堂，

2

1

1. 忠义堂大门外山墙上的砖雕壁画
2. 忠义堂古照壁

明确了"遥奉天平天国号召，驱除鞑虏，恢复中华，剪除贪污，出民水火"的革命宗旨，其任务也从起初的聚义、自保、自卫扩张到了军事训练、情报联络和聚贤谋议。"四面崇山环绕小围埂此地蕴藏龙盘虎踞，八方峻岭簇拥忠义堂侯人意志海阔天高。"杜文秀亲撰的楹联给我们描绘了忠义堂当时的景致。

遥想杜公在忠义堂的日日夜夜，他是怎样隐忍在永昌屠回惨案中，其全家人一夜之间被屠杀殆尽，悲愤全滇数万同胞在莫名中惨遭杀戮，回想他煞费心智地上省进京控告，得到的却是大失所望的结局，思索着"忠义堂之革命应乎天下人民"的抱负。对这些问题的思考，他在忠义堂写下了纲领性的《论天鹅过路》，以及一批政论文章，制定了《忠义堂守章》，提出了"忠义堂忠于革命满清，收复中华江山，义于救民水火，安定生灵。堂为回、汉、夷三教勇士共容之所"、"忠义堂为太平天国云南枝指。属太平天国统领之旗帜之一"等九章守则，为后来联合各族共举反清起义大旗，建立大理地方政权18年奠定了坚实的理论基础。忠义堂成为杜文秀领导的民族起义的策源之所。

忠义堂是小围埂村在被清军攻陷后，清政府赏赐给清军将领杨福寿作"安子营"府第，成为没有被毁的五个院落之一。一度为巍山各民族，特别是回族马帮"保驾护航"的忠义堂，曾经缔造了白旗军第一面旗帜的忠义堂，如今已没有风景，重门外的门楼和下马石已荡然无存，只有前人留下的宅院和后人建盖的挤挤攘攘的民居；只有南院东房和南面山间照壁飞檐流丹，风韵犹存，厅房东山间墙上清晰可见的砖雕、壁画，尚彰显着大院昔日的豪气；只有门前那棵傲立风霜百年仍在的槐花老树，无言地见证着这里曾发生的一切。忠义堂留给我们的是"斯是陋室，惟吾德馨"的情怀和心志，是仁者见仁智者见智的思考和启示。

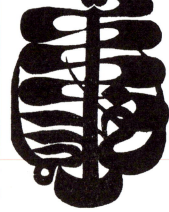

1. 杜文秀题写在忠义堂墙壁上的阿文书法"速布哈乃拉西"（大意是"感赞真主"）
2. 飞檐

中—国—名—村—·—云—南—东—莲—花—

# 杜文秀后军衙门
# （昭忠祠）

　　在东莲花村东，永建镇晏旗厂村东大沟旁有一座古老巍峨的宅院，它始建于1864年，是杜文秀在大理建立帅府后派义军将领张忠厚留守蒙化的"后军衙门"，人们常把它称为"昭忠祠"。

　　作为后军衙门，具有防止变乱，维护治安，筹划军需，派遣托运骡马，支持前线部队作战等任务。1873年，清军攻陷小围埂后，后军衙门被没收，被清军作为监狱和保存其所缴获物资的地方。随后被官府改作"昭忠祠"，祭奠在屡次战斗中阵亡的清军将领。民国三年（1914），蒙化县政府将其作为学校，开办了"崇德小学"，民国二十八年（1939）改为永济乡中学二分校；新中国成立后，先被改为"三区

五小"，后改为"永平小学"一直到现在。同时，民国三年（1914）还在此设立"蒙化回教俱进会"、"蒙化回教救国协会"，直到民国二十七年（1938）。

"后军衙门"建筑布局呈东西走向，地基由西向东逐渐升高，分前后两院。房屋结构精湛，全部房屋的插头和前檐厦柱都是精雕细刻，雕刻着龙凤、花卉、鸟兽等图案，雕技精绝，大门由外院西方明间走入，外建有披厦，门上架栱头，出朝天角。门前是连接小围埂、晏旗厂、大围埂的南北向的大路。大院现尚存大门和西院及其西院东西、西南、西北三个漏阁，房屋构架保存较好，经过"修旧如旧"的维修，整个院落风貌完好，是巍山县重点文物保护单位。

1 2 4
  3

1. 后军衙门（昭忠祠）大门
2. 保留的部分后军衙门（昭忠祠）外景
3. 后军衙门（昭忠祠）内景
4. 南军后参军篆章

文化教育

文化教育是一个民族和一个地区生存、发展、繁荣的基础和前提。"学习从摇篮到坟墓"、"求学，哪怕远在中国，你们也应当求之。"是伊斯兰教的先知穆罕默德关于学习的两句名言。巍山回族十分重视文化教育，孩子从三岁开始既要到幼儿园学习，也要到经堂学校学习伊斯兰教基础知识。因此作为回族村子，提到东莲花的文化教育，不能不提到经堂教育和经堂教育的先辈经学大师。

## 经堂教育

经堂教育是回族的一种宗教教育体系，它的主要目的是培养宗教人才和普及宗教知识，也为阿拉伯语院校培养基础人才。经堂教育的出现和兴起，是伊斯兰教在中国内地传播和发展的结果。7世纪，在伊斯兰教最初传入中国内地的时候，负责日常宗教管理工作的人士一般都是由穆斯林中的学者和他们的子弟担任。到明朝中期以后，随着中国回族人口数量和清真寺的不断增加，经堂教育逐步发展起来。起初的经堂教育只传授伊斯兰教教义，后来不断革新和发展，经堂教育已不单纯是传授伊斯兰教宗教知识，还研究、传授阿拉伯语、汉语和法律、科技等知识，作为国民教育基础的补充。

巍山是滇西回族主要聚居区，回族经堂教育由来已久，并随着经济社会的发展而不断创新和发展。巍山的经堂教

育以培养具有一定伊斯兰教宗教知识造诣又能适应社会生产生活的爱国爱教的人才为主旨，在数百年发展进程中不断推陈出新，根据社会发展的需要调整和改革教育教学方法和课程设置，使经堂教育在宗教知识传承和公民素质提升、技能提高诸方面都发挥重要的积极作用，同时为当地的宗教与社会主义社会相适应发挥着重要的积极作用。与全国一样，巍山传统的经堂教育也是一种私塾式的宗教教育，这种教育在清真寺内进行，由阿訇招收学员，采用口传心授的方式，教授伊斯兰教的各种经典和宗教功课。近现代新式经堂教育在各方面有了改进和发展。毕业生不仅可以在各地清真寺从事经堂学校初、中级班教学，主持教务，担任清真寺教长，也可以在回族学会和伊斯兰教协会等回族群众组织中工作，还可以通过更高一级的经学院、外国语学院进修后，从事伊斯兰教理论研究和阿拉伯语翻译工作。学校有明确的教学大纲，统一的教材，经过有关部门批准招生，分级分班，分男女班上课。根据年龄和学制一般分为孩童早晚班、青少年国民教育假期班、老年早晚班、全日制初级班、全日制中级班、全日制高级班等几种形式。孩童早晚班、青少年国民教育假期班是在首先保证国民教育的小学教育正常开展的前提下，利用国民教育中的小学

| 2 | 3 |
|---|---|
| 1 | |

1. 东莲花德新经堂学校师生照
2. 阿拉伯文学校上课的男生
3. 阿拉伯文学校上课的女生

放寒、暑假时开办的早晚班。学习的内容随学习时间的长
短而定，主要是学习《古兰经》中的部分经文，教授宗教
常识和回族文化的基础知识；老年班则是针对老年人晚年
学习和交流的需要，近几年来才开设的早晚班，针对老年
人的需要设置课程，分层次设置班次，进行扫盲或者普及
教育；全日制班级主要是针对初中或高中毕业后未能升入
高一级学校和未能就业的回族孩子开设的。课程设置上，
除宗教知识外主要开设阿拉伯语、汉语言文学、伊斯兰教
史、中国历史、法律常识、地理等科目。近年来，巍山经
堂全日制班还与县职业中学联合，开展职业教育，在经堂

学校原来课程的基础上，增加了职业技术专业课程，由职中派出专业教师授课，学业结束时由职中统一考核，发给合格者职中毕业证书，通过劳动人事部门的职业技能鉴定的，还发给职业资格等级证书，为经堂教育与社会生活相适应探索出了一条崭新的发展之路。经堂学校全日制班在教育管理和教学方法上按照普通国民教育的模式，学校与教师建立合同聘任关系，确定教师的薪金和教学目标任务。教师按照教学大纲制订教学计划，备课教学，有严格作息时间和周末假期制度，分阶段对学生进行考核评价。

东莲花村，民国期间就开办经堂教育，培养一批批阿訇、师台，为传承伊斯兰宗教和伊斯兰文化、回族文化起到了重要的作用。

1
2
3

1. 职业中学的老师在经堂学校阿拉伯文班教授专业知识
2. 经堂学校学生上电脑课
3. 经堂学校学生上体育课

# 东莲花小学

东莲花小学现名为永和小学,前身是东莲花村创办的私立初级小学——东华小学,始建于民国三十年(1941)。

1941年,东莲花村清真寺扩建完成后,为了发展教育,村里就把清真寺东院拿出来办中文教育,用东院靠南的六间两层楼房作为教室,宣礼楼东北小院用作教师食宿小院,天井中间的大榕树下是操场,聘请了杨雨生、张宗舜夫妇为教师。两位老师都是汉族,东莲花能够聘请他们在清真寺里上课和生活,一方面说明东莲花人对教育的重视,同时也说明当时回汉各族之间的团结和睦。

新中国成立后,巍山县人民政府将东莲花村私立小学纳入国家统一管理,把东莲花村聘请的老师吸收为公办教师继续留用,学校更名为东莲花小学,生源覆盖东莲花、古渡庄、小东莲花、荒田、禾谷村、斗里厂、青龙邑、莲花村、上下官庄、上下西莲花、彰宝村等自然村。1968年,国家实行"分级办学、分级管理",永和大队成立了教育革命委员会,东莲花小学由初小升格为全日制完全小学,更名为巍山县永和中心完小,教师主要由忽文林、马赛菊、马曾川、朱汉昌、杨春茂、王光祖等担任。20世纪70年代初,学校增设初中班,先后办过附设初中班三班,毕业学生一百一十多人。

　　1978年"文革"结束，学校恢复校长负责制，校长由忽文林担任。1984年全国教育改革后，永和小学校长先后由忽绍恒、张庆华、张会君、徐增崇、马文达、马赛育、马亚军、朱泽生等担任。1987年，在各级政府的重视支持下，东莲花村把位于清真寺西面的生产队公产房拿出来提供给学校作为新校址使用，把原来的牛厩改造成六个教室，为学校的发展奠定了较好的基础，校址一直沿用到现在。当时，东莲花村拿出生产队公产房支持办学的做法得到上级的肯定和社会的好评，1989年，全州校舍改造会议把东莲花小学作为现场考察点，与会的代表到学校参观，把东莲花办学的做法向全州推广。同时，学校还被巍山县人民政府表彰为"校舍改建先进单位"。同年，巍山县教育局还将永和小学选定为永建乡中心完小，承担着永建乡教育教学改革示范工作。1993年东莲花小学被大理白族自治州教委定为全州十所民族小学之一。1997年学校新建了617平方米的标准化教学楼一幢。2010年年底在国家排除D级危房时学校又建起了西教学楼和校门，改造了厕所、围墙和部分基础设施，更换了全部课桌椅，配备了微机室，整个校园硬件设施得到了加强，育人环境有了明显改善。

2

1

1.东莲花永和小学大门
2.东莲花小学前身，东华小学1949年的毕业照

中
国
名
村
·
云
南
东
莲
花

东
莲
花

提起巍山的经堂教育和巍山回族的教育，必须要提到兴建中学，即现巍山县第二中学的前身。

兴建中学是 1943 年中国回教协会蒙化支会为了改革发展蒙化经堂教育而创立的。

1942 年日本侵略者开始对保山进行轰炸，当时在保山设帐讲学的云南经学大师纳润章被迫停止办学，迁移到了下关。得知这一消息后，蒙化回族有识之士马耀堂、马彩廷、杨枝茂、忽然茂、马如骥、马宗扬等商议后，以中国回教协会蒙化支会名义，邀请纳润章到蒙化任教。在晏旗厂和各村回民的大力支持下，在回教支会及纳润章的共同努力下，1943 年夏，兴建中学这所与旧式经堂教育迥然不同的学校在晏旗厂清真寺正式创立。兴建中学以中国回教协会蒙化支会会长马耀堂为董事长，设立了董事会，纳润章担任校长。学校成立后就以其全新的教育理念和教育方法，过硬的师资队伍和教学成效，优越的待遇名扬全滇，全国各地前来投学的有志青年络绎不绝。1947 年，蒙化县政府全面认可了这所学校，并以"私立兴建中学"予以备案；1951 年兴建中学改为公立。随着时代的进步和学校的发展，1948 年校址从晏旗厂村迁移到大围埂村，1958 年迁到大仓

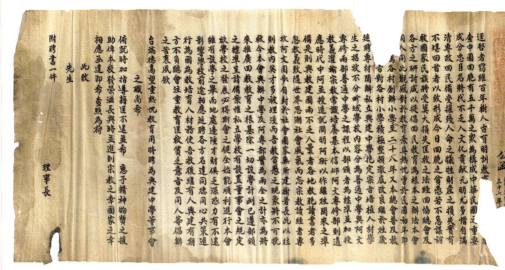

原永建县政府办公区,1966 年至 1969 年因"文革"而停课,学校被用作漾江林业局车队。1970 年学校复课,校址被漾江林业局车队使用未归还,学校新址尚未建成,暂迁至东莲花村马家大院。1973 年,位于深沟河畔的新校建成,学校从东莲花迁至新址直至今日。学校几易其址,校名也以兴建中学、滇西回民中学、永建中学、巍山第二中学等几度更名,学校越办越好,越来越壮大。

兴建中学的创建有着明确的办学目的、宗旨和目标。中国回教协会蒙化支会组建学校董事会,于民国三十七年(1948)11 月 27 日发的聘请董事的公函(蒙支字第【37】65 号)就全面阐述了办学缘由及其宗旨、目标:

敬启者,窃维百年树人,古有明训:教育建国,世界同观。查中国回胞,有五千万之众,为构成中华民国之重要成分,忠臣名将,代不乏人;文化贡献、文明尤多。惜自满清专政,回民备受摧残,人命之牺牲,财产之损失,实有不堪回首者,以致形成今日回

1. 兴建中学 1954 年的毕业照。后第二排正中老者为纳润章校长
2. 蒙化回教支会发给兴建中学校董事的公函

回之贫愚。若不急谋补救，国家民族将受莫大损失。匡救之法，经回协总会，及各方之研讨，成以提倡回民教育为根本之办法。本会同仁同此观感，对于教育素具热忱，曾于民国初年，就各村创办小学。至民国二十八年，又本总会普及教育之意旨，对各村小学积极整顿，彻底改良，维于往岁，延聘专材，开办私立兴建中学，抱定宗旨，培植人才，学生之招收不分畛域；学校内容，分为普通中学与阿文专修两部。普通中学之课程，以部颁者为标准，并加授教义，灌输宗教常识，培养基本信仰；阿文专修部，则适应时代，造就开明阿訇，以作继往开来之准备，是则兴教建国两不乏人，曩考，各地教胞，读书者多忘教义，致随世界思潮，社会风气勿忘宗教；本会兴办中学及阿专部，实为两全之计，亦为将来推广回教教育之根基。除一切设学计划已达部颁之标准，呈请备案，惟私立学校有设置董事会之规定。欲学校之发展，必得斯会之健全，始顺利进行。本会虽有议学之举，而地处边陲，才财俱乏，深恐力有不逮，影响学校前途。相应延聘各方名达，同德同心，共策进心，为国为教，培育人才，务使吾教后继有人，兴建有期，方不负总会注重教育，匡救贫乏之意旨及同仁等倡办之苦衷凤钦。

台端德高望重热忱教育，用特聘为兴建中学董事会之职，尚希俯就时加指导，籍匡不逮。并希志于精神和物质之援助，俾本校发荣滋长，与时俱进，则宗教之幸，国家之幸，相应函达，即希查照为荷。

此致

（×××）先生

附聘书一件

理事长（签章）

办好一所学校除有好的指导思想、办学目标和师资外，学校硬件设施和经费也尤其重要。兴建中学的经费主要由学校董事会筹集，但回族群众素有乐善好施的传统，大家都争先对教师和学生进行资助。许多人家选定一个学生结对资助，从生活费用到学习日常用品费用全部包干，毕业时还要为他们购置缠头绿袍（毕业生礼服），极大地支持了学校教育教学的健康快速发展。

学校以"适应时代，造就开明阿訇，以作继往开来之准备，是则兴教建国两不乏人"为办学宗旨，对传统经堂教学方式进行了大胆的改革创新，实行分班制，学制六年。除宗教课外，还开设国文、数学、历史、地理、物理、化学、体育、音乐等课程；制定了明确的教学计划和教学目标，有严密的考核程序和严格的学籍管理制度。学校还实行高年级学生辅导低年级，安排毕业班学生在教师指导下承担低年级的教学工作等教学模式，让他们教学相长，在实践中增长才干。学校还组织学生外出实习，密切联系社会。注重教育学生关注社会、关注时事、关注人才，培养学生良好的道德素质，增强学生的社会责任感和爱国情感。学校创办至今为巍山培养一批又一批各民族优秀人才。

1 | 2

1.学校组织学生外出参观学习
2.参加向解放军送旗的学生代表

东莲花

文学集萃

巍山是南诏古国的发源地、杜文秀联合各民族反清起义的揭竿地,被清代朝廷御封的"文献名邦",历史文化底蕴深厚,民间故事传说丰富多彩。有关南诏历史及南诏13代王、杜文秀的故事传说更是广为流传。

# 故事传说

## 段国瑞以联荐贤

清朝时期,有一年春节,大仓街要唱三天大戏。大仓街的头人段国瑞,特意办了回席,邀请杜文秀做客看戏,并请了大仓的众多文人学士前来陪客。

初一那天,陪客的学士们都到齐了。段国瑞对大家说:"今晚开场唱戏,但戏台上的对联还没有,诸位当中,谁愿写副对联?"众学士不知段头人葫芦里卖的是什么药,谁也不敢轻易答应,贸然去写。见没人愿写,段国瑞便说:"没有人写,只有等杜文秀来到,再请他写了。"

学士们一听,七嘴八舌地议论开了:"请外地人来写对联,不是欺我大仓无人吗?再说杜文秀写出来的对联,恐怕也不见得比我们写得好,还是请我们的黄诚先生写一副算了。"

听了大家的议论,段国瑞说:"杜文秀是我的义弟,他才思敏捷,笔力遒劲,十四岁中秀才,当时就为永昌(今保山)戏台题过联:'不大点地方,可家、可国、可天下;这几个角色,能文、能武、能圣贤。'这副对联曾经轰动一时,想必大家都已经知道了。"

众学士都没有见过杜文秀,对段国瑞说的话虽不服气,但又不好说什么,都只在心里嘀咕:骑驴看唱本,走着瞧吧。

说话间,杜文秀到了,大家见他相貌出众,气度不凡,顿时内心悦服三分。杜文秀是回民,他不吸烟,不喝酒,主人先是敬茶。饮茶间,主人提出写联之事,杜文秀见桌上已摆好纸笔,也不好推辞,略作谦逊之后,只见他提笔疾书，"刷刷"几笔，一副对联展现在众人面前：

载治乱，千古人情若亲目；
观兴衰，万年演变入胸心。

大家看到这副对联，书法秀丽，用词不凡，寓意深刻，都十分敬佩，对杜文秀也格外尊敬起来。入席后，与他谈古论今，杜文秀应答如流。最后杜文秀开导大家说："清政府现在腐败到了极点，清帝为了巩固龙位，故意制造民族纠纷，使回、汉互相残杀，造成两败俱伤，以坐收渔人之利。我们回、汉本是一家，应该同舟共济，齐心驱逐鞑虏，恢复汉室。"

在座的文人学士们，听了杜文秀的话，都频频点头，后来大多与杜文秀结为生死朋友，参加了起义队伍。其中，段国瑞被委任为参军，黄诚为参政，他们都为杜文秀大理政权的建立立下了汗马功劳。

段国瑞以联保举杜文秀，杜文秀以联服人，以道理服人，以大义服人，被民间传为佳话。

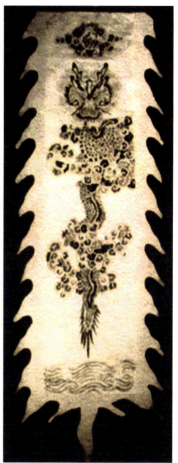

杜文秀义军的白龙旗

### "白龙旗"的来历传说

清咸丰年间，杜文秀遥奉太平天国号召，领导回、汉、彝、白等各民族举行了声势浩大的反清起义。杜文秀反清起义的义旗是白色的，义军称作白旗军。义旗为什么会是白龙旗，有着这样的传说。

咸丰六年，杜文秀准备拜帅起义时，曾就打什么颜色的旗帜作了一番讨论。有人主张打红旗，杜文秀说："清军打的是红旗，我军和它应有区别。"有人主张打黄旗，杜文

杜文秀"总统兵马大元帅"印章印模

秀说："历来皇帝都穿黄袍，我们要推翻皇帝，不用黄色。"有人主张打黑旗，杜文秀说："刘永福黑旗军将领打过黑旗，我们不能再打。"有人说伊斯兰打的是绿旗，我们也打绿旗。杜文秀说："我们的义军除了回族外，还有别的民族，不应该单打伊斯兰的旗号。"大家为难了，一时想不出更好的主意。这时，忠义堂的创始人之一马朝珍说："白色最纯洁，有人说，曾经帮助过杜文秀渡长江进北京告御状的善人白衣青年就是传说中的小白龙，打白旗最好！"

杜文秀一听，觉得有理，便说："小白龙——白衣青年，白色——纯洁，好，我们就打白龙旗，大家觉得怎样？"

听杜文秀和马朝珍这么一说，大家都觉得他们言之有理，一致同意，杜文秀起义时，就正式打起了"白龙旗"，义军就叫白旗军。

### 拜旗定帅

在巍山回族地区至今还流传着一则忠义堂拜旗定帅的传说。

杜文秀起义前,需要对"忠义堂"领导人马朝珍、马金保、马国春、蓝金喜（陕西回民义士）、杜文秀五人进行排座次。大家你推我让，相互谦虚，一时难以定夺。于是，他们决定用"拜旗"的方法决定座次。

他们首先用抽牛筋草的办法决定拜旗的顺序。他们找了五棵牛筋草，分别在五棵草上顺次结上一到五个结。然后各人随手抽取一根，根据各人抽到的牛筋草上结的结数，决定拜旗的顺序。马朝珍抽到的牛筋草上结有一个结，称大哥，第一个拜，杜文秀抽到的牛筋草上结有五个结，为五哥，最后一个拜。

顺序决定好之后就开始拜旗。他们把白龙旗绑在一张八

仙桌腿上，从一到五依次去拜。马朝珍、马金保、马国春、蓝金喜四人拜旗时白龙旗纹丝不动，当杜文秀拜旗时，风吹旗动，白龙旗随风招展。怕大家说是巧合，又依次再拜了一遍，结果仍如第一次。在场的群众一片欢呼，拥戴杜文秀为帅。这样，杜文秀也不好推脱，便做了白旗军的统帅。

　　与拜旗一样，当时还有一段民谣，歌颂杜文秀做帅起义是随时应势。歌谣说，"大小围埂晏旗厂，就像一双金凤凰。尾子歇在凹家村，凤凰头在甘雨庄。丙辰年，扇翅膀，蒙化坝子烈火燃。五哥骑上凤凰背，飞到大理做人王。"后来，杜文秀领导的义军攻克云南许多城池，在大理建立了十八年的革命政权，他称帅不称王，为"总督兵马大元帅"。

杜文秀帅袍

# 对联诗词

巍山回族不过春节，不贴春联，人去世后也不贴挽联。但遇结婚、建新房以及欢度民族节日的时候都要贴对联，在清真寺等重要建筑物上也要悬挂楹联。对联有用汉语写的，也有用阿拉伯文写的。阿拉伯文的对联，十分讲究艺术性，不仅要把对联的内容清楚完整地表达出来，还要讲求书法的变化和艺术性，把字词书写成圆形、菱形，或者船的形状、月牙形状等，令人赏心悦目。对联的内容除了针对其用途而作外，也还有名言警句，有《古兰经》段落句子和穆罕默德的圣训，颇具伊斯兰文化特色。清代，杜

文秀在小围埂义学堂和忠义堂讲学、谋划反清起义事宜多年，留下了许多对联，很有特点。尤其是他为小围埂清真寺题写的对联，从大门到教室、浴室、厨房、客厅到大殿都留下墨宝。

总大门联：

> 万丈高楼从地起，小围埂是革命高楼胜地；
> 千里营垒漫天涯，大理城内森严营垒遮天。

小围埂清真寺叫拜楼（宣礼楼）

蒙阳公园文源亭

大殿左右抱柱对联：

紫气东来缭此处，此处有一派英雄豪杰，刷天补地，降龙伏虎，治水移山，经纶出物阜民安，又添紫气；

青云西霭拂围埂，围埂数十代儒宗名师，呕心沥血，研墨攻书，设馆教学，诲育成文才武将，直上青云。

大殿面柱对联：

古兰恩泽如雨水浇润万物；
穆圣德懿似春风吹遍九州。

大殿厦柱对联：

把斋一个月，洗涤贪财心、好淫心、虚伪心、嫉妒心，坚定诚笃心、勤奋心，心心相印成善果；

开经三十本，领会认主学、法制学、伦理学、博爱学，增进修辞学、计算学，学学精通为良才。

叫拜楼对联：

撞钟声宣礼声，声声唤起龙腾虎跃；

擂鼓时教练时，时时准备地覆天翻。

厨房对联：

时时心存尊敬学者；
年年体现施济贫民。

浴室对联：

一桶清水洗净全身污秽；
半盒皂沫消除遍体肮脏。

客厅对联：

天经禁止暴政虐民肥自己；
圣人不许结党营私闹分裂。

宾客室对联：

盛友如云，五湖四海涌来此厅听讲穆圣宏达训诂；
高朋满座，九千八百概入大殿诵读古兰天经明文。

杜文秀结合回族村子的特点和当时起义前的情形撰写

蒙阳公园三鹤亭

太阳宫等觉寺、双塔及冷泉庵遗址

的一副对联很写实，也很有味：

大围埂不大小围埂不小，埂内乡民至诚联合；回三千汉三千夷三千，九千豪杰张弓待纵。

东莲花在东西莲花在西，花丛荟蔚蓬勃交臂；红两万白两万紫两万，六万菁华蔽日兴风。

小围埂揭竿起义出征联：

天生英雄夺回中华世界；
地出豪杰踏破胡儿乾坤。

民国时期蒙化民教馆馆长王开周为巍山古城蒙阳公园文源亭和三鹤亭题的对联也很有趣。

文源亭对联是：

数声铁笛横亭外；
六诏山河眺眼前。

三鹤亭对联是：

三鹤来游；
一亭纪盛。

对巍山这块风水宝地，历朝历代都有不少文人墨客赞美她。明正德六年状元，翰林院修撰杨升庵，明代地理学家、旅行家和文学家徐霞客等国内著名的学者名流都到过巍山，并为巍山秀美的风光和民族风情所倾倒，留下了许多珍贵的作品，令人赏心悦目。

杨升庵（明）的《中秋寓蒙冷泉庵》：

可怜三五夜，明月杨清光。
见光千万里，愁人天一方。
客游感时节，秋风生微凉。
远行念当归，何为久他乡。
四座且勿哗，听我苦辛章。
苦辛不可知，听之令君老。
屈子多憔悴，卢同无往还。
吟情韦曲住，爱静习池山。
皋壤从吾好，烟霞伴子闲。
题诗满修竹，净扫锦苔斑。

陈金钰（苏州人，清康熙吏部候选州同）的《摸鱼儿·暮春阳光瓜城南隅步》：

怪酴醾、轻寒恻恻，是处卷檐花雾。东风古道吹陈迹，算有子规辛苦。啼不住。忍禁得、声声滴滴流红雨。伤心日暮，时候已清明，柳边花外，是处销魂路。凄凉也、漠漠城南韦杜，一杯谁酹青墓，钿车绣毂踏

苍影盘龙映古城

青人，着眼几杯黄土。须回顾，君不见、朝来红紫飞无数。无情柳絮，和薄倖轻烟，天涯渺邈，抵死催春去。

左元生（蒙化人，清乾隆土知府）的《浒西春望》：

不尽阳瓜滚滚流，花村柳社足春游。
步迎芳草芊眠远，目极遥山紫翠浮。

短笛行吟声入破，孤舟独钓浪生沤。
骋怀岂是闲来往，且把兰亭禊事修。

张端亮（蒙化人，清乾隆三年举人）的《巍宝仙踪》：

抱阁南来第一峰，直从霄汉插芙蓉。
云中黛色时深浅，树梢岚光忽淡浓。
天马昔曾开霸业，犹龙更喜驻仙踪。
何人作赋登高去，啸人空旻翠万重。

这些精美的诗词既体现了诗词作者深厚的文化造诣，也体现了巍山深远的文化渊源。用诗词歌赋记录和赞美巍山秀美的山川、人文和重大事件，都是珍贵的文史资料，为各族人民所喜爱。

中国民间
文化遗产
抢救工程
THE PROJECT TO CHINESE
FOLK CULTURAL HERITAGES
SOS

教信仰与民族节日

回族全民信仰伊斯兰教。巍山回族的民族节日、民族活动、民族的风俗习惯甚至回族群众的言行和性格特质、日常生活都与宗教，与伊斯兰文化密切相关，难于完全分割，处处彰显着这种文化的烙印。在东莲花无论你到清真寺，还是随意走入哪一家，无论从房屋布局、装饰布置，还是从男女老少的言谈举止，都可以看到这种文化的踪迹，清晰地感受到这种文化的气息。

# 六大信仰

伊斯兰教的信仰，首先强调的是内心的信仰，主要是六大信仰：

**信真主** 伊斯兰教认为，真主无方位、无形象；真主是至高无上的，是世界万物惟一的主宰。信仰真主是伊斯兰教要求穆斯林必须首先遵守的一个最基本的信仰。伊斯兰教无偶像崇拜，因此，不管是在清真寺，还是穆斯林的家庭，都没有任何人像之类的挂图。

**信天使** 伊斯兰教的真主身边有很多天使，用汉话来说，叫做神仙或者仙人。这些天使是真主差使的奴仆，真主指令他们做什么，他们就做什么。天使奉真主的命令，传达启示，记录人类善恶。所以要求穆斯林要相信天使的存在。

**信天经**（即《古兰经》）《古兰经》是伊斯兰教的经典，包括宇宙万物、过去未来、修身信道、处世对人、命人行好、止人作恶，莫不详尽。《古兰经》是真主以启示的方式下降给穆罕默德的一部经典，是真主的指示。《古兰经》是伊斯兰教的思想源泉。

**信圣人** 在伊斯兰教里，圣人是真主选择和擢升的先知和使者，在伊斯兰教的历史上，出现过很多遵循真主旨意、实践真主意图的圣人，他们是人类的表率。其中最著名的、真主派遣的最后一位圣人就是穆罕默德。信圣人，就是要

念邦克

中—国—名—村·云—南—东—莲—花—

回族见面的礼节"纳赛勒握台"
（祝福道安）

求穆斯林大众相信圣人的存在，学习"圣人"们的高尚品德和情操，坚定对伊斯兰教的信仰，坚守伊斯兰教的教规教义，做优秀的穆斯林。

**信前定** 伊斯兰教认为，一切事物都出于真主的意志，真主创造万物并加以精确注定。要求穆斯林大众，对待和处理任何事情，自身都要付出艰苦的努力，勇于奋斗。在此基础上，无论遇到什么样的考验还是获得什么样的结果，这都是真主早已确定了的。所以，应该勇敢地去面对，无怨无悔地去接受，而不要怨天尤人。

**信复生** 伊斯兰教要求每个穆斯林确信，天地万物终有一日要毁灭，并将被复生。人死了以后，在复生日要被清算。清算时，每个人会凭着自己活着时候的言行、作为，功课操守和表现，获得两个结果，一个是进入乐园（天堂），一个就是被打入地狱，遭受烈火的煎熬。伊斯兰教认为，今生是短暂的，后世是长久的，每个人不仅要在今生为民造福，有所作为，还要畏惧后世，担心自己会堕入地狱。因此，今生就要恪守教规教法，认真修行，坚定信仰，爱国爱教，多做善事。信复生，信后世，是穆斯林信仰的一个重要组成部分。如果不信后世，就会无所畏惧，无所畏惧，就可能为非作歹。

伊斯兰教认为，六大信仰是每一个穆斯林都在内心世界必须建立起来的一个基本的信念，也是伊斯兰教对真正信仰者的最基本要求。如果没有这六条信仰，就谈不上是一个真正信仰伊斯兰教的人，就谈不上是一个虔诚的穆斯林。六大信仰主要是内心的感受和认同，内心的感受和认同必须要通过外在的行为表现出来。伊斯兰教的五大功修就是这种内心的感受和认同的外在行为表现。

年轻的"海里发"（学生）

中—国—名—村·云—南—东—莲—花—

# 五大功修

伊斯兰教的功修包括：认、礼、斋、课、朝五大功修。

**认** 就是每一个穆斯林在内心都要认识到真主是独一无二的，穆罕默德是真主的钦差、使者。要诚信并能够准确地表述出"清真言"和"作证言"。即"宇宙无主，惟有真主，穆罕默德，是主的使者。"以及"我作证，万物非主，惟有独一的真主；我作证，穆罕默德是真主的仆人、真主的钦差。"在伊斯兰教中，认（真）主独一是穆斯林信仰的核心。

**礼**（即礼拜） 按照伊斯兰教的规定，穆斯林每天必须要做礼拜五次（如果因特殊情况无法按时做礼拜，也要找时间补礼）。每次礼拜都要全身干净，不但有"大净"，而且还要洗小净，身上、衣服上都不能带有污秽的东西。礼拜有一定的规范动作和固定程序，需要严格履行。通过礼拜，达到对真主感恩，省悟律己、完善德行的目的。

**斋** 按照伊斯兰教义的规定，每年伊历 9 月必须把一个月的斋。就是天没亮吃饭，在天亮之前就封口了，穆斯林称之为封斋。一直要到黄昏才能开斋，才能喝水和吃饭。

整个白天什么东西都不能进口，水不能喝，饭不能吃。把斋一个月以后，就是盛大的"开斋节"。穆斯林通过把斋，要达到静心养性，制欲检行，磨炼意志，并激发怜贫济困之心，以实际行动达到扶贫济困的目的。

**课** 用今天的话讲就是"税"。伊斯兰教规定，每一个穆斯林的收入，除能够维持家庭吃穿和必要的开支外，达到一定程度时（伊斯兰教称为"满贯"），都必须自觉按照资金数额的一定比例抽取课税，一方面用来支持宗教事业的发展；另一方面用来接济贫困、弱势的人群。

**朝** 伊斯兰教规定，每一个有能力、有条件的穆斯林，一生应该到伊斯兰教的圣地麦加去朝觐一次。朝觐回来的穆斯林，被称作"哈吉"，会受到当地穆斯林同胞的尊重。朝觐具有归根复命、脱胎换骨、重新做人的寓意。同时，通过朝觐，可以开阔眼界，认识了解世界，参加世界穆斯林大会，体会天下穆斯林是一家的含义。

伊斯兰教的"五大功修"，与每个穆斯林日常生活密切联系在一起，成为虔诚的伊斯兰教信徒的一种基本生活方式。穆斯林按照它来安排自己的生产生活。这五大功修是六大信仰的一种制度保证和行为体现。心有念功，身有礼功，信有斋功，财有课功，命有朝功，这是伊斯兰教要求每一个穆斯林履行和努力完成的宗教功课。

2
1
1.礼拜
2.赴麦加朝觐的穆斯林

中—国—名—村—·—云—南—东—莲—花—

大莲花

# 三大节日

巍山回族的民族节日主要有三大节日：开斋节、古尔邦节、圣纪节。

**开斋节**（也叫"尔德"节）就是在一年一度的斋月结束以后，举行的一个盛大庆祝节日。"尔德"在巍山回族节日中的地位十分重要，历来有"千里路上赶尔德"的说法。尔德这一天，身在他乡的穆斯林，只要条件允许，都要赶回来和村人、家人共度尔德佳节。这一天，村里主要街道上、清真寺里要撒上一层薄薄的青松针，家家户户热气腾腾，阖家欢庆。清真寺里彩旗飘飘，喜气洋洋。天刚亮，每家每户就要把庭院打扫得干干净净。然后，在堂屋里点上清淡的木香，男人们毕恭毕敬地敬诵"亥听"（《古兰经》的有关章节），全家老小兴高采烈地吃油香茶。此时，清真寺

1. 开斋节念赞词
2. 开斋节"叫天堂门"的女童
3. 开斋节"叫天堂门"的男童

中国名村·云南东莲花

古尔邦节仪式

宣礼楼响起了袅袅的阿拉伯语乐曲和赞（真）主赞圣（穆
罕默德）的赞歌。悠扬的乐曲和赞歌回响在村中，节日的
喜庆写在每一个人的脸上。吃过早点，男女老少洗过小净，
穿戴一新地到清真寺参加会礼。在前往清真寺参加会礼、
出家门时，举家的男宾都要在大门口排班齐声高诵赞主（真
主）词。到清真寺大门时，要与在这里相遇的其他穆斯林
一起再一次排班，一起高诵赞主词。

到清真寺后，大家还要捐"丁课"，救济村里的困难群
众。然后"叫天堂门"，举行隆重的开斋节仪式——会礼。
会礼结束，还要举行简洁的集体和家族游坟仪式——团拜
会，出嫁的女儿和女婿回家"拜开斋"等民俗活动。

**古尔邦节**（也叫宰牲节和忠孝节）每年伊斯兰教历的
12月10日，是朝觐大朝的日子。在这一天，各地的穆斯
林也要举行盛大庆典。在巍山，古尔邦节和开斋节一样隆重，
人们习惯把它叫做"小尔德"，以便与开斋节"尔德"区别。

在古尔邦节日里，除了举行与开斋节类似的会礼和庆典外，还要举行隆重的宰牲仪式，宰牛、宰羊。一般经济条件较好的，每人要宰一只羊或者七人合宰一头牛。宰牲时有许多讲究，不允许宰小羊羔和小牛犊，要宰成年牛羊；不宰眼瞎、腿瘸、缺耳、少尾的牲畜，要挑体壮健康的。所宰的牛羊肉要分成三份：一份自食，一份送亲友邻居，一份济贫施舍。

关于宰牲节，还有一个包含"忠"、"孝"意义的故事：

伊斯兰教有一个圣人，叫易卜拉欣。他老了，一直没有儿子，他就乞求真主赐给他一个儿子，他说：只要他有儿

开斋节仪式

中——国——名——村·云——南——东——莲——花——

子，他什么东西都可以献出。后来，他果真有了一个儿子。多年过去，他忘记了自己许下的诺言。有一天，真主给了他一个梦：要他把自己的儿子宰掉，来履行他许下的诺言。易卜拉欣连续三天梦到同样的梦，他便对他的妻子说："真主叫我们把儿子宰掉。"他妻子说："如果是真主的旨意，我们就应该执行。"易卜拉欣又跟他儿子说明了真主的这一旨意。他儿子说："只要是真主的旨意，我愿意。"这时，天云里来了一个"伊比利斯"（魔鬼）挑唆易卜拉欣，扰乱他顺从真主的意志。但易卜拉欣一家人，还是坚定不移地按真主的旨意去办。然而，当他们把刀磨得锃亮，把儿子带到朝觐的地方开始宰时，却怎么也宰不进去。易卜拉欣觉得是不是刀子有问题，就把刀砍向石头。霎时，大石头就被砍开了。刀是没有问题，但就是宰不动他儿子的脖子。就在这时，真主派者伯莱依天使牵来了一只羊。者伯莱依天使告诉易卜拉欣，可以用羊代替他的儿子，只需宰那只羊即可。其实，真主并不是要他真的宰掉自己的儿子，只不过是考验易卜拉欣的忠诚和顺从罢了。后来，这一天就变成了穆斯林的宰牲节，又叫忠孝节。通过这一节日，使穆斯林心里记想真主，大力发扬诚实守信和扶贫济困、勇于奉献的精神。

圣纪节 在每年伊斯兰教历的 3 月 12 日，是纪念穆罕默德圣人的诞辰和逝世的日子。穆罕默德的诞辰日和逝世日都是伊历 3 月 12 日。在巍山举行圣纪节，既纪念穆罕默德的诞辰，又纪念他的逝世。巍山各村在同月或者年内先后举行。在圣纪节上，各回族村都要互派部分阿訇、海里发和穆斯林代表参加，大家齐聚清真寺诵读《古兰经》，举行纪念大会，开展专题讲座，讲述穆罕默德的圣言、圣行、

圣史，号召穆斯林大众学习穆罕默德圣人的优秀品质，鼓励人们学习和继承穆罕默德圣人的美德。纪念大会后，与会穆斯林和各族各界代表、宾客一起聚餐。各村穆斯林代表相互交流学习，加深了解，增进友谊。

巍山回族的民族节日还有姑太节、亡人节等。亡人节是巍山各村纪念清朝末年在杜文秀反清起义失败后，被清军屠杀的穆斯林同胞的一个专门节日。在这一天，要举行宗教仪式祭奠亡灵，开展历史知识讲座，告诫大家不忘历史，珍惜今天的大好环境，多做善功，多行善事。

一中一国一名一村一·一云一南一东一莲一花

1
2

1. 圣纪节晚宴
2. 圣纪节念《古兰经》

中国民间
文化遗产
抢救工程
THE PROJECT TO CHINESE
FOLK CULTURAL HERITAGES

红河之源，人杰地灵。这里在元代就有"探马赤军，随处入社"，是大批军士屯聚牧养的风水宝地；威震三迤的清代杜文秀反清起义在这里揭竿；马举、马注、杜文秀、纳润章、马玉龙、马云从等一批经学大师在这里设帐讲学，影响全滇；马彩庭、忽然茂、马如骥等一批大马锅头曾叱咤茶马古道，尽显马帮文化的辉煌。

## "指南老人"马注

马注 (1640~1711) 字文炳，生于保山，是明末清初中国伊斯兰学者，在以汉文翻译注释伊斯兰教经典方面颇有建树，晚年号称"指南老人"。

马注 16 岁中秀才，18 岁在南明永历帝小朝廷任中书，后任锦衣侍御。清朝建立以后，他隐居钻研儒学和佛学。清康熙四年 (1665)，结识并师从云南滇中名士何观五，清康熙八年（1669），马注离滇到北京，开始学习阿拉伯文和波斯文，专攻伊斯兰教经训典籍。康熙二十三年 (1684)，马注离开北京四处游学，先后到山东、江苏、浙江、安徽、陕西、四川等地学习考察，广交各地经师，并设帐讲学，人们称其为"仲翁马老师"。

马注一生作品丰硕，主要有《经权集》、《樗樵集》、《清真指南》（共十卷）等。据《小围埂村志》记载，他晚年到小围埂经堂学校设帐讲学并居住在小围埂，归真（逝世）于小围埂，现在在小围埂大东门老坟地里还有他的坟墓。也有资料说，他逝世后葬在昌宁。但不管怎样，他晚年在小围埂生活和讲学期间对巍山经堂教育作出了积极贡献，是巍山回族群众十分敬重的经师和学者。

# 总统兵马大元帅
# 杜文秀

　　杜文秀 (1823~1867)，字云焕，号百香，永昌（今保山）县人，原名杨秀，因父早丧随母为杜姓。杜文秀生得俊秀，聪明过人，13 岁就已读完《四书》、《五经》，熟谙《古兰经》。14 岁时考取秀才，16 岁补廪膳生员。清道光二十五年 (1845) 发生了永昌灭回事件，时年 18 岁的杜文秀受各地回民的委托，与受害者家属丁灿庭、白廷瓒等一起赴京告御状。历尽险阻，几经周折才蒙都察院准予进谒面诉。清廷于道光二十七年 (1847) 派员对永昌案进行查办。但由于清政府为达到维护其腐朽没落政权的目的，采取"分而治之"、"以夷治夷"、"以汉制夷"等反动政策，蓄意挑起民族矛盾。加之查办官员的贪腐时，渎职妄为，查办结果与事实出入甚远，令人大失所望。不仅使千人命案不了了之，而且还让杜文秀背上"京控呈词均有不适之处"并受责受监控。清廷草菅人命，有意挑起民族矛盾的做法，进一步激起了各地回族民众的公愤。

　　清道光二十八年 (1848)，22 岁的杜文秀摆脱官府的监控，悄然出走，由永平转赴蒙化，再到成都躲藏，一年后

| 2 | 3 |
|---|---|
| 1 | |

1. 小围埂大东门坟地的马注墓
2. 杜文秀在大理南城清真寺圣纪节上的演讲稿（部分）手迹
3. 杜文秀著的《古兰释义八千题》封面手稿

再辗转至西昌。在四川期间，正值太平天国革命运动处于酝酿时期，杜文秀受到了新思潮的影响，奠定了其反清的革命思想基础。清道光三十年(1850)，杜文秀由四川返回蒙化，受聘在小围埂义学堂设帐授徒。这时杜文秀的反清革命思想日趋成熟，他认为：要救教救民，安回安汉，必须三教联心，驱逐鞑虏，爰举义旗，以清妖孽。为了使革命的思想变成革命的行动，他与马朝珍、马金宝、马天有、蓝金喜、赵应科等，改组了"忠义堂"，把以自卫需要的帮会改造成反清的革命组织，明确宗旨为"遥奉太平天国号召，驱逐鞑虏，恢复中华，剪除贪污，出民水火。"由于其宗旨反映了民众的意愿，"忠义堂"很快地发展成为囊括蒙化各回村以及附近彝族、汉族村寨青壮年在内的各族人民反抗清朝腐朽统治和民族压迫的根据地。同时通过民间串连，在弥渡、顺宁、云县、永胜、大理等县也发展了相应的组织。通过"忠义堂"的活动，培养了骨干，集聚了义兵，积蓄了战备物资，为起义创造了理论基础和物质基础。

清咸丰六年(1856)，在清廷大吏的直接策划下，"横直剿回八百里"的"奉宪灭回"腥风席卷云南，激起了滇东南地区回民的大反抗。同年7月，鹤庆千总杀掠鹤庆、丽江回民数百家，又屠剑川回民三千余人并殃及汉、白各族民众。8月初进逼上关，大理告急。10月9日，下关武进士马名魁连夜奔蒙化小围埂，求救于忠义堂。次日忠义堂开会商议，决定集众举兵起义。大家推举杜文秀掌军令，当即发帖集义军近千人于小围埂鸡心山。杜文秀作出师演说后，公布了十条军令，严申军纪。每个回民战士头戴白帽，腰系四米"卡方布"(回族死后用来裹尸安葬的白布)，以示视死如归。起义军在锣鼓声中，披星戴月，昂首阔步，

杜文秀主持木刻本古兰经
《宝命真经》

杜文秀墓

星夜向下关进发，打响了杜文秀反清起义的第一枪。

义军出征的当晚就攻下了龙尾关（下关），在赵州、云县、弥渡义军的配合下，于10月18日扫尽清兵。随即挥师北上，一举攻入大理。1856年10月23日，各路义军首领聚会大理，在南校场筑坛"拜帅"，杜文秀以才略胆识超群，被推举为"总统兵马大元帅"。

杜文秀有开阔的胸襟、公正廉洁的品德和坚定的胆识与战略远见。以他为首的大理政权建立后，义军四出，不到三年平定了滇西。在施政上实行了轻徭薄赋、让民休养生息，兴修水利、招民垦荒，发展农业；疏通川藏商贸，大兴商业，开矿办厂，发展工业等措施。政治上采取民族平等，团结战斗，宗教自由，尊重民俗，广招贤达等措施，形成了政通人和的大好局面，使大理政权坚持了18年。1867年，当杜文秀秣马厉兵、再展宏图、挥师东征昆明时，太平天国和捻军起义均告失败，清廷倾全力用兵云南，用重枪重炮镇压了这场起义。1872年11月26日，杜文秀为救大理城民众，舍生取义，服毒就义。

# 兴建中学创始人伊斯兰经学大师纳润章

纳润章(1900~1971)云南通海纳家营人，中国现代伊斯兰学者，著名经师和教育家。是保山伊斯兰中学和蒙化私立兴建中学的主要创建人之一。他毕生从事伊斯兰教经堂教育和回族文化教育，治学严谨，为使回族"兴教建国，两不乏人"，大胆改革经堂教育，呕心沥血四十余年，在云南回族中享有很高声誉。

纳润章出生于伊斯兰经学世家，是马安康经师的高徒。纳润章青年时代虽家境清寒，但他寒窗苦读，立志成才。他白天攻读经学，夜晚则苦学英文、汉文，孜孜不倦，历时九年。他的阿文造诣很深，中文、英文水平也较高。

纳润章是勇于改革的经堂教育家。杜文秀起义失败后，云南广大回民惨遭清政府和封建官吏血腥镇压，在很长一段时间里，回族经济、文化、教育和宗教的恢复发展都十分缓慢。纳润章以"匡救之法，惟以提倡回民教育为本"的信念，希望从振兴教育入手，改变本民族受迫害的现状。1928年他应保山穆斯林的邀请，创办伊斯兰中学。1942年保山遭日机轰炸，经营14年的学校被迫停办。1943年，他应蒙化穆斯林的邀请，创办了蒙化私立兴建中学。

在多年的经堂教育教学实践中，纳润章认识到传统经堂教育单纯培养宗教人才已不能适应回族人民和时代向前发展的需要，必须大胆改革经堂教育，实行全新的教育教学模式，以便培养更多更好的兴教建国人才。他领导的兴建中学，无论在学制、课程设置、师资力量、教学方法等方面都按新的模式设置。他聘请不同民族的能人志士到校任教，充实师资力量；大胆招收女生，在当地首开男女同读之先河；他把自然科学、英语、音乐、美术、体育等课程引进经堂教育，全面扩充了经堂教育的内涵外延，为培养"兴教建国人才"打下了基础。

纳润章在兴建中学八年的艰苦创业和教育实践中，既高举改革旗帜又紧密地贴近当地回族群众的民族感情，闯出了一条经堂教育与国民教育相结合的新型民族教育道路，在当时被誉为"在滇西点燃了一盏回族文化的明灯"。

　　纳润章是爱国爱教的回族学者。抗日战争时期，他在各清真寺发表演讲，组织学生四处宣传抗战，在《清真锋报》等报刊上发表文章，号召回民团结抗日。新中国成立后，他拥护共产党和人民政府的领导，积极参加各种社会政治活动。中国人民解放军进驻巍山时，他组织兴建中学师生扛着有他本人和学校师生、回民群众万人签名的红旗欢迎解放军。他先后担任了省政协委员、大理白族自治州人大代表、大理白族自治州政协副主席等职务，为党为人民做了大量工作，得到各族群众的爱戴和高度评价。

　　纳润章是云南著名的伊斯兰教经学大师。他在四十年执教生活中，不仅呕心沥血培养了一大批兴教建国人才，而且还潜心研究伊斯兰教理论，编写和翻译教材，有不少传世之作。他的译作有《古兰论》一至七卷手稿、《伊斯兰格言》(中阿对照)，有《演讲集》、《古兰经专题讲座》、《云南伊斯兰教简志》、《回教的抗战理论》、《伊斯兰的教诲》、《至圣穆罕默德对社会的贡献》、《穆圣遗教选》等理论著作。

兴建中学的师生在晏旗厂叫拜楼大门前合影

# 著名大阿訇
# 马玉龙

中
国
名
村
·
云
南
东
莲
花

马玉龙（1896~1945），字瑞图，出生于玉溪大营一个伊斯兰经学世家。是中国著名伊斯兰经学大师马联元的孙子，著名的大阿訇，曾在广州、云南玉溪大营和巍山小围埂等地开办伊斯兰专科学校，设帐讲学。

他除精通伊斯兰教经典和阿拉伯语、波斯语外，还广泛学习现代科学知识。

他在广州任教期间，主编了《天方学理月刊》，开设有论坛、论著、小评、译丛、教况统计、教理测验、礼法问答、革俗、笔记、艺苑、小说、杂俎、特载、鸟瞰、中外新闻、译电、零金碎玉等栏目，既有宗教教义研究论著和教义常识，也有人物访问记、文艺作品等内容。他亲自为《月刊》翻译和撰写文章三百多篇。充分反映了他对经堂学校汉文学习的重视程度。

民国三十一年（1942），马玉龙受聘到小围埂清真寺任教，创办了小围埂穆光伊斯兰阿文专科学校，开办高级班和中级班，设帐收徒，主讲《讨绥哈》（简明教法学）、经注等主要课程，并从事翻译和伊斯兰经学理论研究。课余，他还受邀巡回到全县各个回族村自演讲，他的演讲深入浅出，男女老幼都听得明白，深受欢迎。

马玉龙有多部著作传世。他的《礼法问答》、《伊斯兰教典问答》两部译著由清真书报出版发行，《回教认一论》和《穆罕默德的默示》由中华书局出版发行，同时，还出版了《清真信仰问答》等著作。因其英年早逝，他尚有译著《伟戛叶》、《真理之表现》等大量的伊斯兰教法教义方面的演讲稿、阅读手记和研究成果未及整理出版。1945 年 7 月病逝于巍山小围埂。

马云从（1921~2012），出身于经学世家，是云南著名的阿訇。他一生生活俭朴、平易近人、勤奋好学，为伊斯兰教事业呕心沥血，默默奉献。他曾连续当选为第六届和第七届全国人大代表，先后担任过大理白族自治州政协副主席，云南省伊斯兰教协会副会长，云南省回族研究会顾问，云南省计划生育协会名誉会长等职务。

## 马云从大阿訇

马云从民国十年（1921）5月27日出生于玉溪，其曾祖父马联元（致本）是中国著名的经学大师，父亲马玉龙（瑞图）也是中阿兼通的学者，云南著名的阿訇。他7~10岁跟随其祖父健之大阿訇在华宁县盘溪镇读小学，11~15岁，随其父前往广州学习。1937年中日战争爆发后，他又随其父返回玉溪大营清真寺，1939年考取昆明明德中学，1941年在沙甸养正学校读书。1943年从沙甸养正学校转到小围埂穆光伊斯兰阿文专科学校，继续在其父马玉龙跟前学习，后又在兴建中学学习。马云从求学二十多年，先后在其父马瑞图以及纳润章、李仁斋、哈得成、马坚、张有成、马元卿等全国知名的大阿訇、学者帐下学习。这些学者对他一生致力于伊斯兰教事业打下了坚实的思想基础和知识信仰根基。

1949年马云从在小围埂穆光学校教学，开始了他几十年的经堂教学生涯。

在经堂教学历程中，他绝大多数时间都在小围埂穆光学校。其中1954年冬月至1958年应聘到大理珂里庄村教经，创办了弘道学园校。1978年十一届三中全会后，先后应聘到大围埂和回辉登各任教3年多的时间。其余时间都在小围埂穆光学校教学，其中，从1982～2003年在小围埂穆光学校师训班任教达21年之久。几十年来，他在各地教过学生一千多人，在其教授的高级班、进修班毕业的学生三百五十多人，他们都成为各地清真寺经堂教学骨干。他

马云从（前排中）与部分师生合影

们在全省各地又培养了一批又一批的吾师台、阿訇。这些人在不同岗位上积极为伊斯兰事业奋斗，为伊斯兰教与社会主义社会相适应作出积极的贡献。

近五十年来，他在兢兢业业教好学生的同时，争分夺秒研究伊斯兰宗教、文化方面的学术理论知识，翻译了许多波斯文、阿拉伯文文献，编写经堂学校的教材，研究探讨了许多提高经堂教育教学质量和有利于培养经书两全穆斯林人才的教育教学方法。

针对经堂教学必须使用的部分教材是用阿拉伯文或者波斯文和阿拉伯文混合编写，教师难讲、学生难学的实际，他翻译了《分信篇和四篇要道合璧》、《教款捷要》和《清真玉柱》三本经。他把波斯文译为阿拉伯文，再把阿拉伯文译为中文，"中阿"对照，使许多学者很容易就能读懂内容，理解其意。经堂教学普遍使用的《词法初程》(《黑窝依》)，原来也是阿文和波斯文混合编写的，素有铁门槛之称。他把它改写成纯粹的阿文，并把七份的结尾词依次列成表格，同时增加了《柔母互换法》、《派生词群排列次序的理由》等几个章节，极大地方便了对阿拉伯语词法规范的把握、记忆与运用，大大提高了经堂教学的效果和阿拉伯语语法的教学质量。

马云从提倡并积极推广经书并重的经堂教育理念，他认为，"因为我们是穆斯林，所以必须读经；同时我们又是中国人，所以必须读书，这两种学问是相辅相成的，书读好了，学习阿文特别容易，还可以学习翻译。""要想经堂教育有前途、有发展，必须经书并授。"

在经堂教学中，他竭力反对"灌输式"、"填鸭式"的教学方法。他认为，这种教学方法"学生获益不多、印象不深。"这种教学方法老师始终掌握学习的主动权，"实在不可取"。他主张启发式的教学方法，"就是把治学的主动权交给学生，让他们自己动脑动手，查字典、翻阅参考书，或者请教别人，与别人切磋。这样自己千方百计、千辛万苦获得的知识，才算是自己的，才巩固，印象才深刻，而且不会遗忘。"他觉得启发式的教学方法"老师可以起到的作用仅仅是引路和辅导而已"。他说，"授人以鱼不如授人以渔。"

他既重视阿文、宗教知识教学，又重视伊斯兰文化传承，重视中文国民教育。在这种的思想指导下，他教授过的学生大多都是既有很好宗教和阿文知识造诣，又有一定中文水平，也就是人们常说的"经书两全"的阿訇，一定程度上促进了巍山等地伊斯兰事业和伊斯兰文化的发展。

**倡导爱国爱教** 作为巍山乃至云南省宗教界有影响的知名人士之一，马云从牢固树立爱国爱教的思想，在教学中，他要求学生要恪守"古兰"、"圣训"，做个有"依么乃"(信仰）的穆斯林，要热爱自己的国家和普通群众，关心穆斯林群众生产生活和各项事业发展，把民族兴衰同祖国的繁荣发展紧紧联系起来；要带头遵守国家法律法规，积极引导群众爱国爱教，求和谐、谋发展。他说，"我们要按照天经、圣训的教诲和教律以及国家的各项政策、法律法规去行教门，去做人处世。做一个对国家、对社会、对圣教有用的好人。"他这样说，也这样做。

**推动回族地区计划生育工作**　刚开始推行计划生育政策时，对农村已婚育龄妇女实行"一放、二扎"措施，即生第一胎后放环避孕节育，生育第二胎后做结扎输卵管节育手术。回族妇女怕不符合伊斯兰教义，不愿采取避孕节育措施，计划生育政策一时在回族地区难于深入开展。为尽快打开这一被动局面，县乡有关领导找到了他，看如何是好。他认真查阅伊斯兰教规教义有关材料，深入学习理解和把握了相关的伊斯兰教义教规后，在县政府在永建乡政府召开的计划生育座谈会上，他从伊斯兰教义教规精神上讲解了相关要旨，宣传了国家计划生育政策，语重心长地开导大家要优生优育，增强民族人口素质。从此，消除了在广大群众心中的疑虑，打开了回族地区计划生育的局面，使这一基本国策得到了及时顺利贯彻。

**禁放爆竹**　过去巍山回族地区与其他民族一样，逢遇新房落成乔迁、娶亲嫁女，甚至各村举行圣诞节等都要大肆燃放烟花爆竹。因此爆竹炸伤小孩、炸破新郎、新娘衣服，甚至引发火灾的事件时有发生。这种习俗和做法既浪费财物、不安全又不符合伊斯兰教义。1980年巍山县伊斯兰教协会成立，他和县伊协其他领导一起，引经据典，起草禁止放爆竹的文件和宣讲提纲，分头到各村清真寺宣传禁放爆竹的理由。通过深入宣传教育，1982年巍山21个回族村全部实行了禁放烟花爆竹，一直坚持到现在。比我国许

马云从晚年还坚持讲"瓦尔兹"（演讲）

多大城市颁布禁放烟花爆竹禁令早了十年多。

**宣传禁毒** "贩毒是杀人，吸毒是自杀。"这句经典名言，被云南省禁毒委作为禁毒标语、警句印发全省。马云从和众多吾师台、阿訇在开展毒品危害宣传时，大力宣传《古兰经》和圣训对毒品非法性的定性，吸毒贩毒在教义上是非法的；宣传国家关于禁毒的法律政策，吸毒贩毒是违法犯罪的；宣传吸毒是自我慢性自杀，贩毒是以毒品为媒介杀人的道理。在此基础上精辟概括总结出了"贩毒是杀人，吸毒是自杀"的警句。受到各级党委、政府和广大穆斯林群众的认可和好评，为禁毒工作作出了积极的贡献。

# 马如骥

马如骥（1897~1983）是东莲花大马锅头，他出生在东莲花村一个伊斯兰世家，从小习读经书，聪明勤奋。民国期间，马如骥既是驰骋茶马古道的大马锅头，也是颇受乡亲敬重的县议员、乡长。他担任蒙化县议员多年，任永济乡乡长十年，还是当时中国回教协会蒙化支会的常务理事。他的事迹至今仍为乡里称道。

民国时期，马如骥有骡马近百匹，雇有赶马人三四十名。他的马帮商队走南闯北，运输、销售茶、糖、丝、麻等物品，足迹遍及东南亚各国。通过多年拼搏，他积累了许多财富，民国三十年（1941）他在村里建盖了豪宅大院，就是现在赫赫有名的"马家大院"。马家大院历时三年方全部竣工。当时工程一完工，就因其建筑风格、雕刻工艺和宏大的建筑气势轰动蒙化全县。后来，马家大院长期被政府机关、学校等作为公益事业使用，如今是巍山的一个著名景点，为巍山人民留下了宝贵的财富。

马如骥广结全省商、政、军要人，与国民党军界很多要人都有朋友之交，为蒙化县的马帮在茶马古道上走南闯北，成为滇西地区物资转运集散地作出了积极的贡献。他与国民党昆明陆军少将杨盛奇交往甚深，杨盛奇在拜望他时，还为东莲花清真寺题写了"诚一不二"的匾额，现在还悬挂在东莲花清真寺大殿的檐柱上，民国二十七年（1938）白崇禧为他题赠了"明道致远"匾额，民国二十八年（1939）云南省国民政府主席龙云为他题赠了"义广财隆"匾额；同年，蒙化县县长宋嘉靖为他题赠了"仁惠梓裡"匾额。

他兴修水利。当时横跨上川（今永建大仓）坝子的米汤河（永济河），因河高堤低，经常泛滥成灾，造成了群众生命财产的重大损失。马如骥就组织带领灾区各族群众，出钱出力，在永济桥下游洪水经常决口泛滥的河段，用五面石筑起了一道长300米、宽1.5米、高2米的石埂河堤。从那时起至今几十年来，这一段河堤再也没有被洪水冲毁过。

马如骥为学生颁发《古兰经》

他热心公益。县内发生灾情时，他都是及时慷慨解囊。民国时期，蒙化县维修拱辰楼，他捐献巨资支持。宋嘉靖县长为此还专门登门致谢，表彰他的乐善好施；他担任东莲花德新学校的董事长，积极为经堂教育出力，他为学校购置田地修建运动场，为六十多名学生配备统一校服，不断改善学生伙食等，竭力办好学校；他是蒙化兴建中学的校董事之一，每年都要为筹措办学经费出力，为培养兴教建国的民族人才作出了积极贡献。

## 马如骐

马如骐（1906~1987）生于东莲花，与大马锅头马如骥、马如清是亲堂弟兄，也是巍山有名的大马锅头。民国初期，马氏几兄弟与马如骥等马锅头开始赶马经商，走南闯北做生意。

抗日战争爆发后，马如骐几弟兄的马帮加入了巍山回族马帮的抗日义举之中，参加了由缅甸到昆明、广东、重庆等地的抗战物资运输，竭尽全力支援抗日战争，为战争的胜利作出了积极的贡献，受到政府的多次嘉奖。

当时，国民党政府腐败无能，盗贼蜂起，富庶一方的东

中
国
名
村
·
云
南
东
莲
花

东
莲
花

马如骥

莲花村常有土匪骚扰，他们打家劫舍，杀人放火，残害百姓。1945年8月的一天夜里，一王姓土匪头子带领三十多个土匪窜至东莲花村抢劫，马氏兄弟一面组织村民抵抗，一面联络各村增援。黎明时分，土匪被村民追赶到东山脚鸡刺窝村外的丛林，一个个被四面八方赶来的村民活擒，王姓匪首被马如骥击毙。时任县长宋嘉靖亲自到东莲花村对其进行嘉奖。

马如骥热心公益。1948年，马氏兄弟经商定居泰国。随着家业的发展壮大，他们很关心当地和家乡的教育等公益和慈善事业。马如骥与巍山同乡忽然茂在泰国清迈共同创办"善滴"公益学校，招收孤贫儿童入学，开展伊斯兰文化教育和实用技术培训。1988年家乡东莲花村修缮清真寺，马如骥捐出100万元泰铢（约合人民币22万元）；东莲花村修路办学他都慷慨解囊，大力支持，深得村里好评。

1974年泰国政府任命马如骥为泰国中华商会会长兼云南会馆理事。改革开放后，以马如骥为团长的旅泰第一批华侨代表团回国观光。

# 马如清

马如清（1908~1966）生于东莲花村。他家兄弟姊妹较多，作为长子，他念过的经书并不多，但他从小聪明、勤奋好学。他14岁时就开始跟随长辈们学习赶马，长期的社会磨炼，练就了他吃苦耐劳，精于商贸，会管理，善于珠算的本领。他的弟弟马如林和马如明长大后，他主要在家操持家政，管理田地和洽谈贸易。

马如清几兄弟是东莲花村有名的马锅头。民国时期，他家有骡马几十匹，田地几十亩，养有牛羊，家里长期雇请的赶马人和饲养牛羊、盘田种地的劳工近三十人。家里农、牧、工、商、运输齐发展，在东莲花是数一数二的大户人家。

在经营农牧业和马帮商贸多年后，随着财富的积累，马如清几弟兄生意也越做越大。马如清在家里负责组织盘田种地，养畜和开办面条加工，马如林在昆明顺城街开办商号，马如明在下关开办商号，三弟兄把蒙化、下关、昆明连成商贸网络。马如清在东莲花开办的面条加工厂，聘请四位亲戚为他加工面条，生产宽、窄、细三种规格的面条，用印有三个羊头的包装纸包装成精细的机器面（面条）。他家的面条原料好，工艺好，销路也好。生产出的面条和外地需要的其他货物，就由家里的马帮运到马如明在下关的商号，然后再用货车运到马如林在昆明的商号销售。用货车与马帮接力，货车和马帮回来时再把蒙化需要的货物运回销售。生产、运输、商贸一条龙，减少了中间环节，极大地增加了效益。

马如清为人忠厚，勤劳。家里田地他不仅要操劳，组织生产，他还亲自带领劳工下田劳作。那时盘田种地没有化肥，也没有除草药。马如清就在家里饲养了几十头黄牛和骡马，增加农家肥。田里牙齿草多，他就发动村里村外的闲劳力去捡，他按照一比一的容积比例，用大米换取牙齿草，千方百计种好田地。

马如清心地十分善良。他家的田地多，骡马多，他把没有事情做的亲朋好友都请到家里，帮助他赶马，加工面条，放养牛羊和照料田地。他家每天吃饭的人达四十多人，他总要让厨房做好饭菜，让大家吃饱吃好。他家聘请的劳工中有回族也有其他民族，不管是谁，看到他们的衣服破烂了，他哪怕把自己穿的脱下来，也要送给他穿。

积累了一定财富后，马如清几兄弟于民国三十四年（1945）左右建盖了雕刻精美、气势恢宏的今天我们称之为"马如清大院"和"马如林宅院"等的几座豪宅大院。宅中既有三房一照壁、四合五天井的大院，也有各式风格的角楼、花园以及不同凡响的大马厩。

1966 年农历三月二十日，马如清归真于东莲花村。

回族在千百年的历史发展过程中，受伊斯兰文化、中国传统文化以及生活环境的影响，逐步形成了独具特色的民族风俗习惯。巍山是滇西乃至云南回族最为集居的地区之一，宗教氛围浓厚，源远流长。他们在长期的生产、生活和宗教活动中形成了独特的回族文化，具有特别迷人的回族风情。

## 饮食禁忌

"民以食为天"。饮食禁忌既是民族习俗也是宗教习俗，不同的宗教信仰，不同的民族有着不同的习惯和特点。巍山回族全民信仰伊斯兰教，回族的生活禁忌与伊斯兰教的规定有关。伊斯兰教把饮食与人的身体健康、性情养成等联系起来，认为饮食对人的身体、性情至关重要，所以，对饮食的选择很是讲究。回族的饮食以洁净为本，不食不饮不洁净、气味怪异的、有毒性的食物或相貌丑陋、凶暴的动物肉及动物血液，不吸烟，不饮酒，自死和未以真主名义屠宰的动物等。

巍山回族食用的食物主要是：果品、谷物、瓜类、蔬菜等作物；鸡、鹅、鸭等禽类；牛、羊、鹿、骆驼等畜类；鱼、虾等水生动物。

巍山回族禁忌的食物主要有以下几种：

一是猪肉及其制品。回族特别强调禁食猪肉及与猪有关联的一切食物。禁食猪肉，对回族来说既是长期养成的生活习惯，又是其宗教道德规范。在《古兰经》中，也明确规定禁食猪肉。所以，信奉伊斯兰教的民族都遵循此戒律。不食猪肉，成了回民的基本生活习俗，形成了回民在生理和心理上对猪的厌恶和反感。保持这一习惯的回民嗅到猪肉、猪油的气味都会感到十分的不舒服。

二是性情凶暴、污浊、懒惰，形象丑陋的禽兽牲畜，如虎、狼、豹、雕、鹰等都不食用；不反刍的、食肉的，有爪无蹼的禽兽牲畜，如马、驴、乌鸦等也不食用。

三是禁酒。伊斯兰教认为，饮酒后会使人乱性，丧失理智，神智昏迷，容易惹事生端，所以禁止饮酒。巍山回族家里，不论平时吃饭或宴请宾客，都一概不上酒，禁止饮酒。很多回民开设的清真餐馆、商店、摊点，都禁止饮酒也不卖酒。

四是禁食血液。回族视血液为污物，认为血液中含有多种病菌，食之会使人染上疾病，污染了自己洁净的身体。所以，凡宰牛、羊、鸡、鹅等食用时，既不食用血液，也不留血，要待血液滴尽后方才加工食用。

五是禁食自死以及非诵真主之名而屠宰的动物。宰杀动物时，巍山回族不说杀，只说宰。对于可食用的禽兽牲畜，必须请阿訇或遵守教规、身体干净（有大净）的男穆斯林按照一定的程序礼节以真主之名宰后放血方可加工食用。不吃老死、病死、摔死、烧死等自死的动物肉。因为未经宰而自死的动物，死因未明，血气未除，必有病毒，食之对身体不利。

回族把上述饮食禁忌视为大禁，违反是"罕拉姆"（非法）的。

回族老六碗客席

中一国一名一村·云一南一东一莲一花一

# 婚俗

结婚习俗是各地最具地域性和民族性特征的民风民俗。

巍山回族把提亲称为"说媳妇"，把结婚称为"讨媳妇"。巍山回族的婚姻一夫一妻制，从谈恋爱、正式确定恋人关系开始，要经过"说媳妇"提亲、"拿糖"订婚、"带鞋面"定亲、"讨媳妇"成亲和"念喜经"证婚几个过程。每一个过程的习俗都极具特色，非常有趣。

**"说媳妇"** 巍山回族的婚姻一般都是男方居于主动（需要招女婿入赘除外）。男孩子大了，都要"说媳妇"。男孩子看中谁家的女孩，其父母就请媒人到女方家去"说媳妇"（自由恋爱的也要经过这个程序）。"说媳妇"时，媒人要提上一对糖（当地回族群众用自己设计制作的圆锥形模具把白糖加热后制成固体红砂糖，一只圆锥形的砂糖称为一扇，两只称为一合，两合称为一对）到姑娘家说明来意，姑娘家无论喜欢不喜欢，都热情接待媒人，给媒人泡"炒米茶"。媒人上门提亲一般都要两次以上，第一次女方家不会马上答应，往往要找一些托词答复。等媒人第二次、第三次上门时，若同意这门亲事，就把媒人送去的糖收下，把提糖用的手巾还给媒人，叫"解手巾"；若不同意，就婉言地把糖原样还给媒人，这就意味着这门亲事到此为止，没有什么希望了。

**"拿糖"** 拿糖也就是订婚，是巍山回族婚姻程序中第二个环节，也是一个重要环节，即使是自由恋爱的男女也要举行拿糖仪式。"拿糖"程序的举行表明男女双方及其父母、亲属共同见证、同意这门婚姻，结下缔约。男女双方父母约定好"拿糖"的时间（一般是星期五，因为这一天是穆斯林的聚礼日，在穆斯林看来是尊贵的日子）。在这一天，男方要准备几对糖、茶叶、乳扇等本地特产和两套或者四套姑娘穿的衣服鞋袜。吃过早饭，请上一位阿訇、一位要

迎亲路上

好的朋友，和媒人一起到女方家。女方家也早有准备，要请上几位阿訇和本家亲戚在家恭迎男方"拿糖"队伍的到来。男方"拿糖"队伍来到女方家门口时，女方请的阿訇和本家男宾要连队迎接，和"拿糖"的男宾拿"色了吾台"（双方面对面，口念赞词，双方双手的手心手背两两轻抚一下），互致"色了目"问候道安，方才把"拿糖"的一行人迎入客厅。客人刚一坐稳，马上就有人端上瓜子、糖果，接着又是"三道茶"或者炒米茶。吃过茶点、午餐，双方请来的阿訇、男宾还要一起念"亥听"（《古兰经》的部分章节）。通过这样的仪式，两家的亲事基本上就算确定了。

"带鞋面" 定亲以后，在结婚前还要举行"带鞋面"仪式。在"带鞋面"仪式上，男方正式给女方家拿"彩礼"，与女方共同约定婚礼的相关事宜。仪式与"拿糖"差不多，只是男方给女方家姑娘买的衣服要达到六套左右，还要有一定的首饰、几百到几千元不等的彩礼。午饭后，所有男宾还要在女方家举行拿"色了吾台"仪式，念赞（真）主赞圣（人）词，共同祝福双方平安吉祥，青年男女从今以后能够结成连理。通过拿"色了吾台"，算是男女双方正式约定了亲事。所以，当地有人把"带鞋面"又称为"纳约定"。

"掐亲"和"抹锅烟子"　这是巍山回族别有风趣的婚俗。拿过"糖"，纳过约会，决定结婚的男女青年到民政部门登记，然后择日就可以举行婚礼。结婚当天，男女双方都要各自在家中宴请亲朋好友。中午时分，由新郎和盛装的两个伴郎、六个少女、两个少妇组成的迎亲队伍到女方家迎亲。阿訇

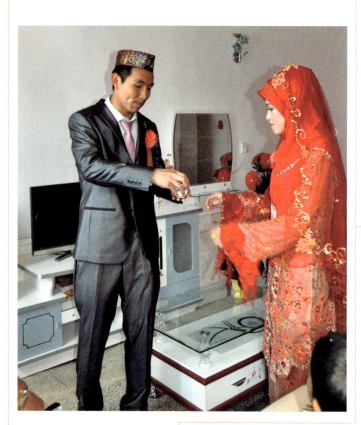

吃喜茶

念喜经

带领女方男宾在大门口迎接，双方互道"色了目"（问安），迎客到堂屋入座，女方传茶设宴。饭毕，阿訇给新郎、新娘戴上胸花，新郎、新娘向长辈道过"色了目"后，娶亲队伍便出发了。这时，趁新郎不备，守候多时的女方家年轻的亲朋好友，便拿出早就预备好的锅烟子（锅底灰），朝新郎脸上抹去。新郎要快速躲闪，否则一不小心就会被抹成大黑脸。当新娘到家时，新娘就会迅速被男方家请好的"喜娘"迎进新房，称作"接媳妇"。男方亲友家的小孩便来"掐亲"，他们轻轻地在新娘子的手臂上掐一下，表示祝贺和喜庆。片刻后，"喜娘"便拿出有核桃片、大枣、桂圆、姜等煮成的糖茶给新郎、新娘和小孩子喝，在当地叫做喝"喜茶"。喝过喜茶，新郎还要往女方家去接丈母娘和女方家的亲友到新郎家"出拜"，陪新娘在男方家吃第一顿晚饭。晚上宵礼后，男方家请阿訇到家里给新娘、新郎"念喜经"、证婚，讲解伊斯兰教的婚姻观和结婚成人后要尊敬父母、团结弟兄姐妹、睦邻友好、夫妻和睦、勤劳致富等道理，念证婚词。念过喜经后，在教律上男女双方也就成了合法夫妻。第二天早上，还要请村里在清真寺做晨礼的全体人员和亲朋好友到家里吃麦芽糖饭，共同祝愿新婚夫妇的日子甜甜蜜蜜、和和美美。

# 丧葬习俗

巍山回族对穆斯林去世称为"归真"，而不以"死亡"相称，"归真"即回归真主之意。巍山回族的丧葬礼俗概括起来说，有速葬、薄葬、土葬三个特点。

**速葬** 伊斯兰教本着"入土为安"的精神，主张从速掩埋亡人，遗体不宜久放。巍山穆斯林归真后不看风水、不择日、不需要给亡人或前来送葬的人鞠躬叩头；不哭嚎亡人，不披麻戴孝；不请客，不吃请。一般当天去世，当天就下葬，特殊情况在第二天。在穆斯林看来，人的生与死是由真主定夺的，是真主前定安排好的，人无法改变，穆斯林归真是应真主的召唤而去。去世后久拖不葬，既不符合教规教义，也是对逝者的不尊，没有任何的现实意义。

**薄葬** 巍山回族有句谚语说："无论穷、无论富，都是三丈六尺布。"这句谚语对回族的薄葬习俗作了很确切的诠释。在巍山，任何一位穆斯林，无论其生前多么富有或多

么贫穷，逝世后不用棺木，一律只用三丈六尺白布包裹后掩埋，身上不穿绫罗绸缎或其他衣物，墓内也不放任何物品陪葬。去世的人再穷，即使是孤寡也会由清真寺管委会负责发动村民义务料理丧事。巍山回族对待丧葬问题秉执的是"厚养薄葬"。厚养是指父母、老人在世时，作为子女要尽最大的孝心、最大的能力去赡养，让他们欢愉地安度晚年。当父母或老人去世后，按照教法规定的程序和《古兰经》所允许的范围安葬。回族禁止厚葬，还因为厚葬不仅劳民伤财，增加生者的经济和生活负担，而且会导致坟墓被盗被毁，使死者和生者都不得安宁，有百害而无一益。

**土葬** 穆斯林认为，人类的亡故是归真复命的历程，是真主使其脱离尘世而回归到初。人死后，人的血肉之躯葬于大地，复转成泥土，是一件很自然、清净的事。所以信仰伊斯兰教的民族都用土葬的形式，经过千百年的传承，土葬已经成为回族丧葬的一个习俗。

巍山回族的墓穴一律南北向，先就地挖一个深2.4米左右，直径1米左右的方形直坑，然后在坑底北侧凿一个半圆形"卧坑"，这种墓穴被称为"燕子窝"墓穴。卧坑长足

1.回族葬礼仪式——站"者那则"
2.回族"燕子窝"墓穴

173 民俗风情

够一人仰卧，高度以一人坐起不碰头为限。尸体仰卧其中，头向正北，面朝西方（这是因为伊斯兰教圣地麦加在中国的西方）。方形直坑与卧坑连接处称为墓门。安葬死人后用石板把墓门封堵，用土把坟坑回填满。如果坟地是在土质松软的地带，无法挖就"燕子窝"墓穴，就只挖一个长方形墓坑，然后用砖、石之类垒砌四周，上面用石条、圆木或木板覆盖。填土略高于地面，呈马脊形。伊斯兰教反对肆意营造、装饰坟墓。所以，我们平常所见到的绝大多数的回族坟墓都是一个个简简单单、比地面稍高的土堆，或者用鹅卵石简单垒砌，有的竖立一个简易标记，有的甚至连标记也没有。这一点同其他非穆斯林民族追求墓穴的高贵、华丽之风形成了鲜明对比。

巍山穆斯林的葬礼隆重俭朴。当一位穆斯林无论男女、贫富，去世后，其亲友和周围回族村子要派穆斯林代表前来为他（她）举行隆重俭朴的葬礼。一来为亡者求恕，向亡者告别；二来以此引起活着的人们对人生的警觉并加以

思考，检讨自己的言行。在葬礼之前，先在逝者家中用清洁的水为亡者洗"买伊台"（尸体）周身，洗毕用"克番"（白布）将遗体包裹，用清真寺共用"讨包殆"抬到清真寺，然后由阿訇带领送葬的穆斯林举行简短庄重的葬礼。在葬礼仪式上，要念赞主赞圣辞，还要为逝者和生者求赦。葬礼过程前后不过十多分钟。葬礼结束之后将遗体抬至墓地安葬。在遗体下葬时，阿訇要诵读《古兰经》部分章节，念赞圣词等，直至墓门封堵。整个过程庄严肃穆、宁静平和，没有呼天抢地、捶胸顿足的哭嚎。只有亲友们在内心深处为亡者默默地向真主祈祷以予护佑，在警醒自己要趁身体健康之时，倍加坚定自己的伊斯兰信仰，多为大众做好事。

<table>
<tr><td>1</td><td>2</td></tr>
<tr><td></td><td>3</td></tr>
</table>

1. 看望"买伊台"（尸体）
2. 争抬"讨包殆"（尸匣）为逝者送葬是巍山穆斯林的优良传统。图为争相为马云从大阿訇送葬的穆斯林
3. 为逝者作"堵啊"（祈祷）

中—国—名—村——云—南—东—莲—花—

# "穿衣"仪式

在巍山，回族普遍流行"穿衣"的习惯，也是一种风俗。"穿衣"仪式，实际上就是回族伊斯兰教经堂学校为毕业学生举行的毕业典礼，授予毕业生阿訇资格。

传说穆罕默德曾经为赴也门传教的圣门弟子墨阿子送行，并将自己穿的绿袍赐给他，如同自己亲自去传教一样，以示重任。后来"穿衣"仪式便传下来了。巍山回族穿衣，一般结合圣纪节的庆典在清真寺里举行，也有专门为之举行的。在典礼仪式上，县伊斯兰教协会和学校颁发毕业证书，省伊斯兰教协会颁发阿訇证书。村里德高望重、学识渊博的老阿訇给毕业生穿上各色阿拉伯式长袍，男生加冠戴上一顶波斯帽或用白色、黄色等颜色的长条形布裹成的"缠头"；女生则穿上特别的长袍，披上各式各色的面纱。

毕业生代表要在"穿衣"仪式上发表演讲，汇报学习情况。"穿衣"仪式结束后，毕业生的家属和亲朋好友一干人隆隆重重地把他（她）迎回家去。仪式虽然俭朴却十分庄重，富有特色。"穿衣"与其说是一种仪式，一种风俗，不如说是巍山回族重视教育、重视人才培养，尊师重教的传统和表现。

2
3
4
1

1. 经堂学校"穿衣"仪式
2. 隆重的"穿衣"仪式
3. 幼儿班的孩子为"穿衣"
的学生敬花
4. "穿衣"的女"哈里发"（学
生）

民俗风情

中—国—名—村—·—云—南—东—莲—花—

## 七彩面纱

在巍山，由于长期杂居在汉族和其他民族中间，回族服饰无过多区别，但头饰很有特点，特别是妇女的头饰更是特点鲜明，魅力无穷。

在汉族服饰习俗中，衣服的传统范围最广，特点最明显，而头饰习俗次之，甚至可有可无。而回族则不同，男子戴白帽，妇女戴面纱（盖头）的习俗与其他民族的服饰习俗形成了鲜明的对比。

只要一走进东莲花村，我们就可以感受到这一点。回族女子用一块丝巾把头蒙起，一直垂到胸下，这就叫戴面纱。戴面纱是要穆斯林妇女遮盖身体，把头发、耳朵、脖子等都遮盖起来，集中精力礼拜，眼不观邪，耳不听邪，口不说邪。慢慢地，戴面纱除了宗教的要求外，也成了巍山回族地区妇女的普遍头饰。

面纱的色彩丰富，式样也多种多样。少女和青年妇女喜欢戴绿色、黄色、白色、紫色、粉红等颜色的面纱，清新秀丽；中年妇女喜欢戴蓝色、绿色、白色的面纱，清雅庄重；老年人通常戴黑色、白色的面纱，清净典雅。如果几个戴面纱的回族妇女聚在一起，远远看去，个个似头顶祥云，人人如肩披彩虹，浪漫妩媚，别有情趣。形成了一道靓丽的风景线，宛如置身阿拉伯世界。

|   | 2 |   |   |
|---|---|---|---|
| 1 | 3 | 4 | 5 |

1.头戴七彩面纱的回族妇女
2~5.回族女孩

# 百抖烤茶

巍山是"茶马古道重镇","三进三出"茶文化的传播通道。巍山回族信仰伊斯兰教,由于禁酒的原因,很早就接受了茶文化,有"无茶不成席"的饮食习惯。巍山回族好客,以茶待客,以茶会友。鉴于对茶的情有独钟和长期的饮茶习俗,不断发展和创新着茶文化,形成了独特的饮茶习惯和茶艺文化。典型的有三道茶、茶罐茶等,但它们都属于"百抖烤茶"。

所谓"百抖烤茶",就是在土茶罐里放上少许春茶,将其放在炭火上慢慢烘烤,边烤边抖,到一定火候,冲入沸水。随着"味"的响声,茶水沸腾,水花四溅。吹掉泡沫,马上倒出来,这时茶香四溢,味道浓醇。由于茶浓,每人杯中只倒一点点茶水,然后依据各人喜好,再加入适量开水,使浓度适合各人的口味。"百抖烤茶"十分讲究茶叶、用具、火候和烤功。茶叶最好是本地高山云雾春尖茶,火要用栎木烧过后的火炭,用当地土窑烧制的土茶罐烤茶,边烤边翻抖,让茶叶充分受热,慢慢升温,慢慢泡起,成赤黄色。这个过程最佳的烤功大概需要上下抖动茶罐近百下。所以,当地人又把用茶罐烤茶称为"百抖茶"。现在直接在烤过茶的茶罐里冲开水泡茶的办法平时已不常用了,取而代之的是用瓷茶壶泡茶,但是用茶罐烤"百抖茶"的烤茶方法则

从未间断过。

　　回族"三道茶"起源于沙特地区的"三道咖啡",随着回族先民进入巍山而传入。第一道是苦咖啡;第二道是咖啡加上骆驼奶,既有咖啡苦醇味道又有骆驼奶的香醇、淡甜味道;第三道是咖啡加骆驼奶再加糖。巍山回族喜欢喝茶,而没有喝咖啡的习惯和条件,也没有骆驼奶,所以"三道咖啡"也就演变成了"三道茶"。"三道茶"是巍山回族茶文化中的瑰宝,至今已经流传了六百多年。制作时,先把茶叶放入土茶罐里,在炭火上烘烤,烤香后用沸水冲入。茶浓而味苦,这就是头道茶,寓意勇于吃苦。二道茶就是把核桃切成薄片放入杯中,再把事先用姜、大枣、桂圆、糖等熬成的糖水冲入,茶味清香苦中带甜,叫甜茶,寓意苦尽甘来。在茶中加入菊花或茉莉花,就是第三道茶,茶淡而味甘,寓意淡泊人生,曾经的努力是美好悠长的回味。先苦后甜再回味,"三道茶"深含人生哲理。巍山回族人家常常用"三道茶"款待来访的贵宾。在举办大事喜事时,"三道茶"更是盛宴中必不可少的饮品。现在,热情好客的东莲花人在马家大院常备有这种三道茶,来迎接远道而来的客人。

2

1

1. 百抖烤茶
2. 回族三道茶

风味特产

中国民间
文化遗产
抢救工程
THE PROJECT TO CHINESE
FOLK CULTURAL HERITAGES
SOS

热烈庆祝圣纪٭节٭٭建中学创

由于回族的饮食禁忌和饮食习惯，巍山回族在长期的生产生活中，有机地融合了穆斯林宰牲要求、伊斯兰饮食文化和当地其他民族饮食文化的可取因素，创造了颇有地方特色的饮食文化；由于独特的回族文化和红河源地域文化特征，创造了特色鲜明的地方特产。

# 老六碗

巍山回族传统名菜老六碗

任何一个地方，或者民族都有自己的传统名菜。"老六碗"，就是巍山回民六百多年的传统菜肴。

作为中国名小吃之乡，素有"吃在巍山"的美誉，巍山清真饮食，尤其是清真小吃已闻名遐迩。随着经济条件的改善和时代的发展，回族筵席上也早已不再只是六碗菜肴了，但不管是八碗十碗，也不论在过节或是娶亲嫁女，或是平时请客吃饭，都少不了百年传统老六碗的身影：一碗白斩鸡、一碗煎乳扇、一碗红烧牛肉、一碗羊肉粉蒸、一碗酸拌凉片、一碗绿色素菜。当然，还少不了一大碗用牛骨头熬成的清汤。老六碗有荤有素，有酸有辣，有干有湿，味道纯正，既节约又有风味。

如果您到巍山回村，到东莲花旅游观光，要品尝纯正的巍山清真传统老菜，您不用多说，只需一句"我要老六碗"，清真食馆的大厨们就知道您的底了，他们一定为您奉上传统的六大碗菜肴，外加一碗免费的牛骨头葱花汤。

六莲花（中国名村·云南东莲花）

炸馓子

馓子味道好，形状好看，是色香味俱佳的特色清真食品。制作起来也不复杂。就是先在麦面粉里放入适量的土碱，然后用适量的淡糖水和面，充分糅和后，用擀面棍把面团擀成条形薄片，折叠成双层，再沿折脊用刀子一丝丝划开，再把脊的两段翻转后向前面正中处捻在一起，做成一定的花状放到油中一炸，也就成了似菊花、似竹编折扇的"馓子"。

# 煎乳扇

云南十八怪，"牛奶做成片片卖"，说的就是乳扇。巍山回族乳扇的特点在于原料和煎制时的技巧。巍山煎的乳扇原料讲究绿色和味真。把鲜牛奶放进适量酸奶制成的酸水中点成固体状，用两根竹筷把它来回拉成长条薄片，然后再 "S" 形地把它缠到用竹竿制成的 "目" 字形架子上晾干。把晾干的新鲜乳扇切成块，放到油锅中煎，边煎边用筷子把它绕成卷，煎至泛黄起泡即可食用。煎得好的乳扇色泽金黄亮丽，布满泡泡，口感香酥，入口即化。煎得不好的乳扇要么煎不熟，色泽偏白，吃起来硬板板的，不泡不酥；要么过熟过枯，色泽偏黑偏黄，味苦。要煎出好乳扇，除了原料好，不掺杂使假外，关键是掌握好油温，控制好火力。如何控制？文字上很难写准确。不过您不要担心，来到巍山回村，您就可以品尝到不掺杂使假的、油温火力都控制得比较好的、色泽金黄亮丽、口感香酥的煎乳扇。

煎好的乳扇金黄香脆

# 药膳蜜饯

　　蜜饯是巍山回族地道的"老字号"食品,生产历史悠久。选用有药用价值的冬瓜、无花果、木瓜、姜花、香橼、橄榄等一些天然植物的根、花、果作为原料,用石灰水略炝,然后用蜂蜜熬煮而成。这种蜜饯做工考究、色泽鲜亮、甜而不腻、富含营养,有一定的保健和药用作用。

# 烧粑粑

做烧粑粑

　　"烧粑粑"，是巍山回族特有的特色面食。用上等的小麦面粉加适量的水调成泥状后，经过一天的自然发酵，然后充分搓糅后做成圆形薄片，放在特制的平底铁锅内，用干松树针慢火两面烘烤，直至起泡，不生不枯。做成的"烧粑粑"薄可通透，外脆内柔，脆而不酥，香而不燥，十分可口。

回族咸菜：卤腐、藠头、豆瓣酱

　　咸菜处处有，但各有各的特色。因为不能用酒，也不用防腐剂，所以巍山清真咸菜特别讲究配料。这样腌制出来的咸菜也自然别有风味。

　　巍山清真咸菜最有名的是卤腐、豆瓣酱、酱油辣。回族的卤腐百分之百选用上好的大豆（当地人称为黄豆）为原料，制成霉豆腐，再加入辣椒面、八角、花椒、草果、茴香、姜片等香料，用食盐、面酱、山泉水拌匀。在冬季夜间露天放置一段时间后，再放入土罐封存。这样做成的卤腐软硬适中，味道醇香，颜色鲜亮，耐储存，可谓色香味俱全。巍山回族的豆瓣酱尽管名称与其他地方、其他民族的叫法一样，但原料和制法都大不相同。首先把干蚕豆泡醒，去皮剥成蚕豆米，放入竹筐里，用几层南瓜叶捂盖发酵。然后反复清洗，放入食盐、各种香料、辣椒面拌匀，即可食用。这种豆瓣酱酸香开胃。

　　回族的酱油辣制作十分简单，但味道特别好。先把拣好的干辣椒炒黄、炒脆，倒入清水，将辣椒煮软，再倒入上等的黄豆酱油熬煮，放入姜丝、适量红糖等作料，再煮一会即可。这种咸菜既方便又香醇，是回族款待贵客、讨亲嫁娶席上不可缺少的。

# 牛干巴

正在晾晒的牛干巴

　　牛干巴是巍山回民的一种特色食品。每当冬季来临，回村有条件的人家就开始为腌制牛干巴做着充分的准备。首先到牛市场上选购年纪适中的黄牛，然后把从山地收回的包谷磨成面，准备足够的蚕豆糠、水稻糠、麦麸糠，再把包谷面和几种糠按一定的比例混合作为菜牛的佳肴，一早一晚认真饲喂，精心饲养。饲养二三个月后。当黄牛饲喂得油光水滑、膘肥体壮、脊梁上连一只苍蝇也站不稳的时候，就开始宰黄牛、腌干巴了。精心喂养的菜牛屠宰后，把牛肉按部位割开，加盐、花椒后，放在大土罐里腌制、晒干。吃时切成薄片，放在油中煎炸，颜色鲜艳，味道香美。

　　为便于外出食用和居家方便，现在巍山有两家清真食品厂开发出了袋装牛干巴片以及香酥牛肉、牛肉脯、果汁牛肉等清真牛干巴熟食制品，既保持了巍山回族传统牛干巴的腌制特色和味道，又加入了其他食品特色元素，利用现代工艺加工制作，很有特色。

白斩鸡

　　白斩鸡是巍山回族最有特色的一道菜,居传统"老六碗"之首。这道菜是巍山清真饮食中最有名的一道菜,也是极具地域和民族特色的一道菜。它从宰生、开剥到煮法都很有讲究,与众不同。选择上好的成年鸡,宰时要请阿訇宰,由两个人完成。一人左手捏住鸡的两只翅膀,右手握住鸡的两只脚,面向西方,由阿訇宰。宰后不能先用开水烫,要先开腹,取出内脏杂物,然后用针线缝合开腹部位,再用开水烫、煺毛。拆除缝线,洗净后用食盐腌制片刻,在鸡腹内填入油煎草果、姜等特有作料,放入冷水中微火慢煮。煮熟后,吃起来味道鲜嫩,清香四溢,回味无穷。

清真白斩鸡从屠宰到开剥,刀功火功都有独特之处

# 树皮

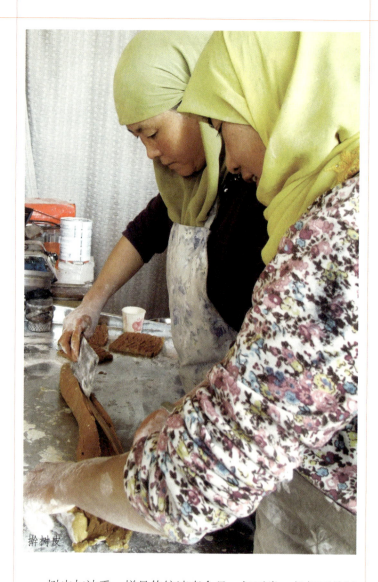

擀树皮

　　树皮与油香一样是传统清真食品，但平常一般都不煎树皮，只有到开斋节时才煎，多作为特色礼品赠送亲朋。树皮就是在小麦面粉里加入适量热香油，再加入适量红糖水，糅压成面团。然后把面团裹在一根圆滑的棍子上反复挤捏，在面板上来回擀几次，用刀子沿着棍子方向竖直划开，往两边一掰，就形成一块形如开裂的"老树皮"，放入菜籽油锅炸黄。"树皮"有香、酥、脆的特点，甜而不酽，油而不腻。

## 麦芽糖饭

到东莲花马家大院，你可以品尝到过去只有在回族婚庆时才能品尝到的麦芽糖饭。做麦芽糖饭时，事先准备好麦芽粉（大麦发芽晒干后磨成的面），用清水反复过滤，去渣形成麦芽水。然后把煮好的糯米饭放入麦芽水里充分搅拌，再放入专用容器，隔水用微火炖三四个小时即可。炖好后及时降温冷却，即可食用。麦芽糖饭实际上已经不是饭了，经过麦芽水的作用，糯米饭已被化空，形成爆米花一样的蓬松状态。饭质飘逸，汤色清亮，有麦芽和糯米特有的醇香，口感较好，还有健胃消食的功效。麦芽糖饭是巍山回族特有的一种小吃。

## 油香茶

油香茶也是巍山回族特有的一种小吃。一般在开斋节和回族家里有重大喜庆日子或者贵宾来访时才食用。如今到东莲花马家大院也可以品尝到这一风味小吃。油香茶就是先把做好的油香用小火蒸软，然后小心地用快刀把它切成丝，加上滚烫的红糖水及若干配料。做得好的油香茶软而不扒，甜而不酽。吃起来既有油香特有的纯味，又有一种淡淡的清香。

油香茶

# 手工银饰品

手工制作银器饰品是巍山回族的一个传统特色工艺，早在明代就成为巍山回族的一项产业。许多巍山回族银器加工户都曾长期在腾冲、下关等地设有制作和经营的商号。清同治年间，杜文秀起义失败后，才逐步衰落。但是大围埂杨姓的手工制作银器饰品几经周折，一直坚持到今，经过了五代人的传承和发展。

巍山大围埂手工制作银器要经过熔银、碾片抽丝、压模定型、配色点翠、构件组装等几道工序，加工出的银器饰品质地纯正、精雕细琢。他们制作的凤头针、六角方镯通、领口、梅花围腰链、小鱼耳环、耳坠、百家锁、戒指、项链等饰品都深受妇女和儿童喜爱。特别是巍山、弥渡、大理等地的彝族、白族、苗族妇女和儿童对它更是情有独钟，每遇有姑娘出嫁或者儿童满月满岁时都要提前定做。因此，大围埂杨家与许多彝族顾客成了好朋友，手工银器饰品成为彝回两个民族友谊的连心桥。

| 1 | 2 |
|---|---|

1. 精美的首饰
2. 手工熔银

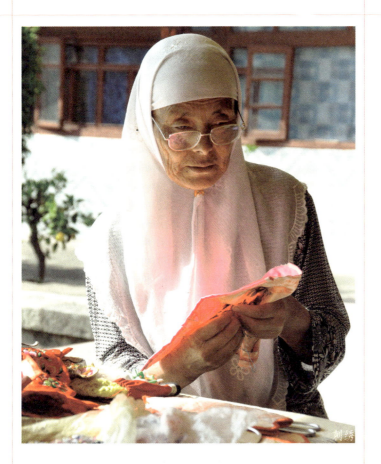

刺绣

"一岁两岁吃娘奶，三岁四岁离娘怀，五岁六岁随娘转，七岁八岁学针线。"巍山回族刺绣手把手，代代相传，传承了几百年来的刺绣艺术风格，保持了特有的民族和地域特色。

伊斯兰教义禁止崇拜偶像，因此，巍山回族刺绣不单独表现逼真的动物形象，而是把抽象的动物形态与花草图案相结合，使之成为整个图案的一部分，形成一种视觉模糊。回族妇女刺绣时，她们往往撷取大自然中各种不同的植物，构成自己想象中的花草树木，枝与叶、花与蔓和谐统一，给人以整体美。巍山回族刺绣一般以素净为基调，绣品底子以白、绿、黄、红、紫为主，也有以红色、紫色为主的单色，主要绣一些诸如手帕等简单的绣件。巍山回族具有很好的包容性，体现在刺绣上，就是题材和刺绣手法广泛吸收各民族的精华。刺绣作品的内容丰富多彩，主要有头巾、

| 1 | 5 |   |
|---|---|---|
| 2 | 6 | 8 |
| 3 | 7 | 9 |
| 4 |   |   |

1. 刺绣门帘
2. 刺绣童鞋
3. 刺绣小孩掌腰
4. 刺绣小孩虎脸帽
5. 手把手传授刺绣技艺
6. 袈花手帕
7. 刺绣鞋垫
8. 刺绣帐帘
9. 刺绣被面

中国名村·云南东莲花

衣服、儿童服饰、门帘、帐幔、花鞋、围裙、枕头、枕巾、鞋垫等日常生活用品、饰品，以及阿拉伯文书法、山水树木花鸟等题材的艺术作品。绣法主要有平绣、盘绣、扎绒绣、拼花、袈花等几种。手工缝制的刺绣鞋垫作为定情之物，在男女青年之间架起了爱的鹊桥；纯手工刺绣的被面、门帘、帐幔、枕头、枕巾是巍山回族姑娘出嫁时必不可少的嫁妆，它代表着姑娘的心灵手巧；手工刺绣的手帕，是回族姑娘结婚第二天早上向婆家亲戚众小孩的见面礼，得到手帕的小孩会兴高采烈一阵子，然后小心翼翼地折好，收藏起来，并不舍得使用。手工制作的巍山回族刺绣作品在回族刺绣中有很强的代表性，既有实用性，又有一定的收藏价值。

名村保护

中国民间
文化遗产
抢救工程
THE PROJECT TO CHINESE
FOLK CULTURAL HERITAGES
SOS

## 东莲花村保护规划

东莲花村独特的自然和人文资源，完整的古村风貌和价值较高的古建筑遗存，需要特别的呵护，更需要比较科学的保护和合理开发利用规划，需要严格的法律和行政手段执行保护规划。2007年，巍山县人民政府委托上海同济城市规划设计研究院、同济大学国家历史文化名城研究中心开展保护规划，完成了《云南东莲花历史文化名村保护规划》，并已经过了相关法律程序的批准。《保护规划》对东莲花村的基本情况，村貌、民居价值进行了深入分析，对保护的范围、原则、方法作了详细的规定，这是一个规格比较高的规划，是指导东莲花保护和合理开发利用的科学指南和法规依据。

《保护规划》对古民居及其外部空间采取保留、整治的办法加以保护。对那些质量较好、与村庄环境、整体风貌冲突不大的采取保留措施，维持现状；对村内的马家大院、马如清大院、马如骥大院及其他典型的19个古民居院落，五座角楼，遵循文物古迹"修旧如旧"的原则，进行保护性修缮；对建筑质量尚好，但建筑风貌与村庄环境有冲突

或平面布局不适应的，对其外立面及内部平面进行整治和改造；对非古建筑、简陋建筑、质量较差建筑、外观是现代建筑、与整体风貌要求不相符的其他建筑，采取拆除的措施，定期清理。

《保护规划》对维修、新建房屋的外观式样、色彩、用材都作了具体详尽的规定。

按照充分遵循道路原有脉络，同时满足村内的通达性、安全性和消防便捷性等要求，《保护规划》提出，对村内道路主体路段、小巷道、环村路分级别进行改造，恢复古村落原有古朴的道路风格，并要求把电力、电视、电话、网络等线路入地暗敷，重新栽种本地特色树木进行绿化，通过安装仿古路灯进行亮化。

《保护规划》还对服务旅游业的其他配套设施建议提出了空间安排和环境布置、外观式样等具体要求。

2

1

1.东莲花古村落已被巍山县人民政府列为重点文物保护单位
2.东莲花一角

# 对东莲花文化旅游资源及其价值的认识

仅就东莲花现有的自然和人文景观而言，无论从其独特性、稀有性、文物性，还是旅游产业发展的诸多要素来看，都具有很高的保护价值和开发利用价值，主要表现在以下几个方面。

**保存完整的回族古村建筑风貌** 明朝中后期，由于永建回族人民的勤劳，善于经商，靠回族马帮商队的运输，永建的地方经济十分活跃，回族各村落都建盖了许多豪宅大院，形成了一个个各具特色的建筑群落。但是由于永建回族地区土地狭窄，随着人口的增长，近三十年来，很多古房老宅都被拆除重建，取而代之的是琉璃瓦、欧式风格的洋楼，混凝土楼房等建筑，太阳能、各种电线、电杆、水泥阳台、彩钢瓦星罗棋布，改变了原来的建筑风貌。东莲花村则不然，村内至今仍完好保存着清末时期到民国时期建造的具有"三房一照壁"、"四合五天井"、"走马转阁楼"、"青瓦白墙"等式样特点的古民居，尤其还完整保存了独具特色的高三层、四层的古角楼，比较完整地保留了回族村庄的建筑风貌。

**古朴高雅的清真寺古建筑群** 东莲花清真寺始建于清朝初年，后虽经多次修复，但基本上保持了原来的风貌没有改变。清真寺占地面积 8.8 亩，由叫拜楼、礼拜大殿、讲堂、沐浴室等古建筑所组成，是巍山较早时期清真寺的典型建筑，其保存的完整性和完好性在滇西各回村都是首屈一指的，是不可多得的特色景观。

**融多元建筑文化风格为一体、建筑艺术价值较高的古建筑群落** 以马家大院、马如清、马如骐大院为代表的 22 座古建筑群落，以土木为结构，石材为基础，出土部分为五面石对缝，然后在基础上筑土墙作为围护结构，木架为承

东莲花重点古民居分布示意

重结构。建筑布局"四合五天井"，"三房一照壁"、"六合同春"，大院与角楼巧妙相连，相得益彰，雕梁画栋，出阁架斗，工艺十分精湛。建筑群保存完好，融多元建筑文化风格为一体，建筑艺术价值较高，是现成的不可多得的古民居建筑艺术博物馆，具有较高的雕刻、绘画、建筑和观光价值。

**厚重的伊斯兰文化和浓郁的回族风情**　东莲花为回族村庄，全民信奉伊斯兰教，在这里可以完全感悟到深厚纯正的伊斯兰文化。伊斯兰教的教义、理论等对回族产生着极深刻的影响，在生产生活中形成了厚重的伊斯兰文化，有着独具伊斯兰特色的民族节日，别有风味的民族风俗，特色鲜活的清真饮食。这些都是旅游产业的特色非物质文化资源，具有较高的产业开发价值。

**马帮文化的活化石**　东莲花是巍山茶马古道上一个名村，是巍山回族马帮历史的缩影。据调查统计，民国时期

东莲花

中国名村·云南东莲花

晏旗厂清真寺宣礼楼

东莲花共有回族马帮七支，养骡马农户五十多户，骡马三百五十多匹，从事马帮运输的马夫一百余人。马帮运输贸易十分活跃。至今东莲花村还保留很多马厩、马夫住过的角楼、庭院以及一些马帮用品和文字、图片，是研究马帮文化的珍贵史料，是旅游业的特有要素，有着极强的旅游观光、考察价值。

**惟美的田园风光**　东莲花地处红河源头，立于自然田野之中，充满浓浓的田园风光气息。夏秋季节，红河水带着特有的红色，奔放地流淌，村外荷塘莲花绽放，稻谷金黄，瓜果飘香，村庄仿佛立于图画之中；冬春时节，麦子、豆子、油菜花镶嵌于村庄四周，古村犹如青花瓷一般，美不胜收。同时，东莲花村周围也是回族村落聚居之地，各式各样的清真寺，头披面纱的回族妇女，不时来往于田野，进出古村，滇西回乡的韵味悄然流露。这是原生态的田园之美，惟我独有，他乡难求的自然之美，符合当代回归自然的旅游新理念。

进一步加强基础设施建设　通过多年的努力，整合各种项目的实施，东莲花村在进村公路、村内道路、田间沟渠和机耕路建设，以"马家大院"为主的部分古民居危房抢救性保护维修，部分石板路面的恢复改造，电力电信电视网络"四线"入地等方面做了大量工作，基础设施建设得到了很大加强和改善，但是离旅游产业性开发的需要还有较大差距。目前，需要进一步解决的重点项目是：村内排洪排污系统的建立和长流水景观沟渠的改造；对未完成重点古民居危房继续进行抢救性维修；对部分农户在古民居上安装的琉璃瓦项、太阳能、水泥阳台改造；架空的电话线、电视线、电缆线"三线"埋设改造；进一步在村内空地、周边道路、河堤、空地以及卫生死角栽花种树，对粘贴瓷砖、红砖等与古建筑整体风格不相适应的墙体外观风格整治、设立与古建筑风格相匹配的景观路灯等，开展绿化、亮化、美化建设；根据整体规划分步建设停车场、游客服务中心、回族文化广场、回族文化风情园等建设。在建设中，一是要严格执行总体规划，绝不能出现规划和实施两张皮现象；二是要发挥群众的主体作用，充分组织和发动群众，激发他们的参与意识和建设管理意识，确立受益主体的意

小围埂清真寺大殿

中一国一名一村·一云一南一东一莲一花一

对东莲花村妇女进行历史文化名村保护知识培训

识，克服"等、靠、要"的不好习惯，积极主动参与保护和开发工作；三是要主动争取县乡相关部门的支持，把规划中的相关内容、任务细化成可操作性的一个个项目，建立起项目库，适时争取上级的扶持。

**树立名村品牌观念、增强保护和合理开发利用意识**　时至今日东莲花村还能够保存有如此完整古民居，这是几代东莲花人艰苦保护的结果，是祖先留给我们的宝贵财富。同时，随着我国广大群众生活水平的提高和乡村旅游、民俗文化旅游、休闲旅游的兴起和普及，随着关巍公路的建成通车和大理白族自治州旅游二次创业的推进，东莲花历史文化名村这个品牌将越来越具有开发价值，势必成为全村的一个新的经济增长点。因此东莲花全体村民要切实增强名村意识、增强古建筑是宝的意识、增强全村整体和大局意识，切实担负起保护的责任。尤其是在自家建设的需要和整体保护、开发发生矛盾的时候，要小局服从大局，共同为名村的发展尽心尽力。

**实施村民素质提升工程，创造旅游开发的良好"软环境"**　旅游开发不仅要具备一定的硬件环境，良好的"软环境"同样特别重要。作为巍山 18 个回族村，甚至是云南回族村的窗口和代表之一，留给游客什么样印象，不仅关系到旅游的发展，更关系到巍山回族的形象。因此，要认真实施农民素质提升工程，大力培训村民，让全村村民了解村子的历史、了解古建筑的特点和价值所在，掌握现代文明礼仪的基本知识，学习市场经济基本知识。形成人人都是旅游形象的共识，形成时时处处维护名村形象的良好氛围。

**逐步实施外围配套景观环境打造工程**　随着名村保护和开发进程的推进，要充分利用东莲花村四周河道、水塘较多的优势和东莲花历史上多种莲藕的情况，结合农业产业结构调整，在充分尊重村民愿意的前提下，在认真规划、策划的基础上，在村东、村北适当恢复种植莲藕、在村西

同济大学国家历史文化名城研究中心主任，同济大学建筑城规学院教授、博士生导师，中国历史文化名城保护专家委员会委员阮仪三（中）及其助手到东莲花实地考察

沙坝地栽种特色林果，与周围村庄的田园风光浑然一体，既达到调整种植业产业结构，解放农村劳动力转移到第三产业，增加村民收入的目的，又达到打造外围景观，延伸名村旅游的内涵和外延。

**积极创造条件、逐步开展旅游接待**　保护名村古建的目的在于利用，开发利用有利于更好地保护。要依托现有资源，积极创造条件，以"马家大院"为中心，组织动员几户骨干农户，以民俗特色体验式休闲游为主要内容，以吸引县内和州内的游客为主，推出几个特色旅游主题；以古村风貌、回族文化特色和清真饮食文化为依托，稳步推进"赏古村，品清真美食"为主题的农家乐。逐步开展旅游接待工作，实现旅游开发和收入从无到有，从小到大的零的突破，激发村民保护和开发的积极性。

**稳步加强对外宣传推介**　包装宣传是旅游的重要环节，要千方百计筹措资金，想方设法通过多渠道加大对外宣传推介的力度，提高知名度，让更多的游客知道、了解、向往，让上级相关部门更多地了解、关心、支持。

**创新体制机制、积极探索本村旅游开发的管理模式**　好的管理体制机制是旅游开发的重要前提。要善于学习和借鉴外地类似地区的成功经验，从一开始就建立科学的管理模式，为旅游开发工作的健康顺利和高效推进创造条件。

**大力开展招商引资**　要在总体规划的指导下，把思路项目化，策划招商引资方案，不拘一格引进管理人才、引进资金。要着眼长远和发展，除原则问题以外，不怕牺牲眼前利益和局部利益，放水养鱼，借助外力，发展自己。

1 / 2

1. 巍山回族舞蹈《和谐回乡》
2. 东莲花村融自然和人文为一体的独特景观一角

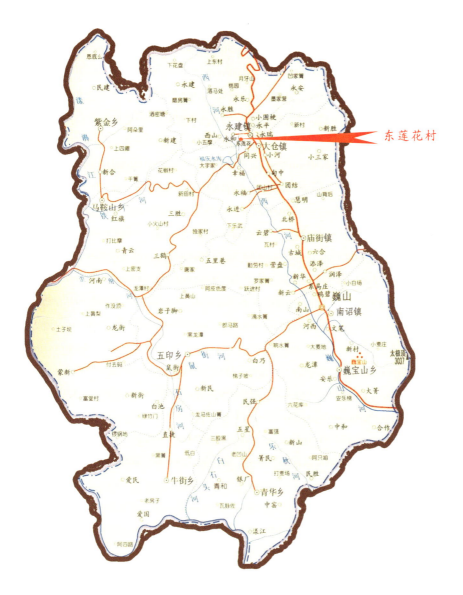

东莲花村

附三 巍山彝族回族自治县风景名胜区分布图

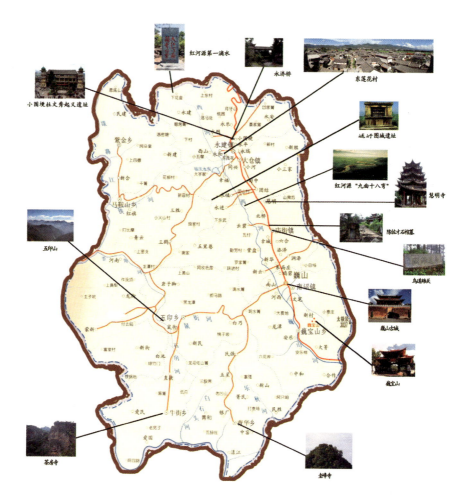

小围埂杜文秀起义遗址

红河源第一滴水

永济桥

东莲花村

峣河图城遗址

红河源"九曲十八弯"

慈明寺

陈佐才石棺墓

五印山

鸟道雄关

巍山古城

巍宝山

茶房寺

主峰寺

[1] 马绍雄主编. 巍山回族简史 [M]. 昆明：云南民族出版社，2000.

[2] 上海同济城市规划设计研究院，同济大学国家历史文化名城研究中心. 云南省东莲花历史文化名村保护规划 [J].

[3] 中共巍山彝族回族自治县县委宣传部编. 古今诗人咏巍山 [M]. 昆明：云南民族出版社，2006.

[4] (清) 梁友德，巍山彝族回族自治县地方志办公室编. 蒙化志稿 [M]. 德宏：德宏民族出版社，1996.

[5] 巍山彝族回族自治县民间文学集成办公室编. 巍山彝族回族自治县民间故事集成（内部资料）[M].

[6] 巍山彝族回族自治县政协. 巍山文史资料（第二辑至第八辑）[M].

[7] 小围埂清真寺民主管理委员会编. 小围埂村志 [M]. 昆明：云南美术出版社，2011.

[8] 马云良编著. 马联元经学世家 [M]. 昆明：云南民族出版社，2011.

[9] 巍山彝族回族自治县地方志办公室编. 巍山风景名胜碑刻匾联辑注 [M]. 昆明：云南民族出版社，1995.

当我在电脑键盘上敲下这段文字的时候,《中国名村·云南东莲花》总算完稿了。

《2010年云南省第三批旅游特色村候选村名单公示词》中说,"东莲花村集伊斯兰文化与其他民族文化为一体,现存完好的建于近代的五座碉楼及三房一照壁、四合五天井、六合同春、走马转阁楼、角楼等建筑风格的古民居22座,在全省属于罕见的文物瑰宝。这里旖旎的田园风光、多姿多彩的民族风情、保存完好的古建筑、底蕴深厚的历史文化,构成了一个丰富多彩的村落,使之具有较高的历史文化价值和旅游观光游览价值。"实际上,东莲花作为在一块十多平方公里范围内聚居的近二十个回村之一,其风俗习惯、人文、历史等与周围各回族村子是不可分割的,本书不得不立足东莲花、跳出东莲花去描述回村的人文历史。确实,东莲花只是巍山众多回村中的一个缩影、一扇窗口。

在各级各部门的高度重视和关怀下,东莲花村从2008年10月被命名为国家历史文化名村以来,短短四年多时间,就声名远播,得到越来越多的领导和专家学者、广大游客的关爱。

承蒙大理州白族研究所原所长赵寅松老师的厚爱,在组织编写《中国历史文化名城·名镇·名村全书》大理卷时,把东莲花列入其中,并点名要我承担撰稿和拍摄照片工作。尽管琐事缠身,单位的工作任务繁重,在赵老师的一再鼓励下,我还是欣然接受了这个任务。这样一本书是要拿到国家级层面上去编辑,在全国范围内出版发行的,对于宣传巍山,宣传巍山的文化旅游资源,宣传东莲花都是难能可贵的机会。

我对巍山的旅游文化资源情有独钟,对巍山回族文化情有独钟,对东莲花村情有独钟。2010年出版了个人专著《古道名村东莲花》。在写作本书时,我在认真制定写作提纲之后,对《古道名村东莲花》原来的资料重

新进行了全面整理，充实完善，根据写作提纲的需要，再一次查阅了大量的文史资料，采访了一些学者、村里的老人。根据编辑的要求，针对每一部分文字，对插图进行了认真策划，归类和重新补充拍摄了一些新照片。从州上召开写作座谈会后，我每一个晚上，每一个周末，国庆、中秋假期的每一天我都在电脑前，泡在本书的写作里，拍摄收集了上千张照片，并仔细挑选和归类。在三个多月的写作过程中，我几乎没有做过一件家务，全部都由妻子马佳蕊承包了，同时，她还帮我对各稿次修改的文字进行了录入校对。可以说，本书能够顺利按时完成，与她的支持是分不开的，因此我想借此机会对她说一声：谢谢！

巍山县委书记张剑萍、县长常于忠、县委宣传部部长何尹全对本书的撰写给予了很多关心和指导。东莲花村、永和小学等单位和很多亲朋好友，老师长辈给我提供了部分文字、老图片资料，口头讲述了杜文秀时期和马帮时期的一些轶闻故事，使本书的资料更为翔实生动。罗杨先生的总序画龙点睛，让我们更加明白历史文化名村的价值所在。中国民间文艺家协会的策划组织，知识产权出版社编辑的认真修改和精心装帧设计，使本书得以走上大雅之堂。对于他们，也惟有"谢谢"为报。

马克伟

2012 年 11 月于巍山古城

责任编辑：孙　昕　　　　　　　　　　　　责任校对：韩秀天

文字编辑：关艳如　　　　　　　　　　　　责任出版：卢运霞

装帧设计：北京颂雅风文化传媒有限责任公司

**图书在版编目（CIP）数据**

中国名村·云南东莲花 / 罗杨总主编 . —— 北京 : 知识产权出版社 , 2013.8

（中国历史文化名城·名镇·名村全书）

中国民间文化遗产抢救工程

ISBN 978-7-5130-1961-3

Ⅰ . ①中… Ⅱ . ①罗… Ⅲ . ①乡村 – 概况 – 巍山县

Ⅳ . ① K928.5

中国版本图书馆 CIP 数据核字 (2013) 第 052488 号

中国历史文化名城·名镇·名村全书

# 中国名村·云南东莲花

ZHONGGUO LISHIWENHUA MINGCHENG MINGZHEN MINGCUN QUANSHU

ZHONGGUO MINGCUN YUNNAN DONGLIANHUA

中国民间文艺家协会　组织编写

总主编　罗　杨

撰稿人　马克伟

出版发行：知识产权出版社

| 社　　址：北京市海淀区马甸南村 1 号 | 邮　　编：100088 |
|---|---|
| 网　　址：http://www.ipph.cn | 邮　　箱：bjb@cnipr.com |
| 发行电话：010-82000860 转 8101/8102 | 传　　真：010-82005070/82000893 |
| 责编电话：010-82000889　82000860 转 8111 | 责编邮箱：sunxinmlxq@126.com |
| 印　　刷：天津市银博印刷技术发展有限公司 | 经　　销：新华书店及相关销售网点 |
| 开　　本：787mm×1092mm　1 / 16 | 印　　张：13.5 |
| 版　　次：2013 年 8 月第 1 版 | 印　　次：2013 年 8 月第 1 次印刷 |
| 字　　数：156 千字 | 定　　价：80.00 元 |

ISBN 978-7-5130-1961-3/K · 187（4804）